DIE WELT DES KAFFEEs

SIMONE HOFFMANN • ROLF BERNHARDT

Umschau

»Der Kaffee muss schwarz sein wie der Teufel, heiß wie die Hölle, rein wie ein Engel und süß wie die Liebe«

CHARLES-MAURICE DE TELLEYRAND-PÉRIGORD

Impressum

Copyright der vorliegenden Ausgabe
(Neuausgabe des bisher unter der ISBN 978-3-86528-604-8 erschienenen Titels)
© 2014 Neuer Umschau Buchverlag GmbH, Neustadt an der Weinstraße

Lektorat
Ilka Grunenberg, Neustadt an der Weinstraße

Gestaltung und Satz
Die Basis, Wiesbaden

Ausführlicher Bildnachweis
s. S. 176

Lithografie
RGD; Digitale Medientechnik GmbH, Langen

Druck
Werbedruck GMBH, Horst Schreckhase, Spangenberg

Printed in Germany
ISBN 978-3-86528-786-1

Besuchen Sie uns im Internet
www.umschau-buchverlag.de

INHALT

»Also Kaffee. Irgendein Philosoph, es muß einer der größten gewesen sein, hat einmal gesagt, das sei das Beste am Kaffee, daß er in jede Situation und Tagesstunde hinein passe. Wahrhaftig. Wort eines Weisen.«

THEODOR FONTANE: IRRUNGEN, WIRRUNGEN

VORWORT

Was haben eine Journalistin und ein Kaffeeröster gemeinsam? »Ich möchte beschreiben, wie man genau schmecken lernt, um gute und schlechte Qualität zu unterscheiden«, sagt erstere. »Ich will, dass sich der Charakter jeder Bohne optimal entfaltet«, sagt letzterer. Gemeinsam ist uns die Überzeugung, dass Aromenvielfalt eine Sache der Erfahrung ist.

Es ist wie beim Wein. Zuerst reicht der billige aus den bauchigen Flaschen. Man trinkt ihn nebenbei, ohne auf seinen Geschmack zu achten. Aber dann kommt der Abend, an dem zufällig ein wirklich guter im Glas landet. Dieser Wein lenkt die ganze Aufmerksamkeit vom Gespräch ab. Die Erkenntnis trifft uns unmittelbar, direkt über die Zunge ins Herz: Das kann neue Welten eröffnen!

Genauso erging es uns mit Kaffee. Sein Nuancenreichtum, seine zarten Blütendüfte, seine üppigen Schokoladenaromen. Wer einmal gekostet hat, welche Geschmacksvielfalt er bieten kann, verflucht sich selbst dafür, den rußigen Bürokaffee nicht früher stehen gelassen zu haben! Guten Geschmack muss man erkennen lernen. Genau hinzuschmecken ist nicht selbstverständlich. Es erfordert Wissen über das Produkt. Das

erschließt sich durch aufmerksames Riechen, Entdecken und Schlürfen. Auch mal mit geschlossenen Augen. Dabei soll Ihnen dieses Buch zur Seite stehen.

Denn Kaffee ist in aller Munde. Durchschnittlich 144 Liter im Jahr trinkt jeder Deutsche. Nach den USA und den skandinavischen Ländern führen wir damit die Welt der Kaffeetrinker an. Aber was trinken wir da genau? Welche Sorten gibt es eigentlich? Wie beeinflusst das Herkunftsland den Geschmack? Welches Lebensgefühl ist durch die Kulturgeschichte mit dem Kaffee verknüpft?

Die Lust auf Kaffee beginnt morgens mit einem weichen Milchkaffee. Setzt sich mittags bei duftendem Kuchen fort. Und nachmittags als schneller Espresso, Lichtblick zwischen zwei Terminen. Sie endet abends als wohliger Abschluss eines schönen Essens. Kaffee passt zu jeder Tageszeit.

SIMONE HOFFMANN • ROLF BERNHARDT

GESCHICHTE
DES
KAFFEES

Wohin auch immer der Kaffee kam – er hat die Welt verändert. Das ist es, was die Geschichte des Kaffees zeigt. Er brachte das Volk zum Denken und regte Gespräche an, die bis tief in die Nacht dauerten. Unter den Mächtigen hatte er darum immer die stärksten Feinde. Heiß geliebt wurde er dagegen von Dichtern, Malern, Komponisten und Gelehrten. Sie widmeten ihm Kompositionen und Gedichte.

Sie versicherten, dass sie ohne ihn gar nichts wären. Was ist das für ein geheimnisvolles Getränk? Beflügelt es den Geist? Weckt es schöpferische Kräfte? Durch ihn hielten klare Gedanken in Europa Einzug. Die Kaffeehäuser, die zu seinem Genuss entstanden, machten den freien, öffentlichen Gedankenaustausch in einer ganz neuen Form möglich. Hätte die französische Revolution stattgefunden, wenn die Reformer Schokolade geschlürft hätten? Man weiß es nicht. Sicher ist: Das radikalste aller Heißgetränke bewegte die Welt!

Das Wunder aus dem Orient

Mohammed selbst soll es gewesen sein, der den Kaffee entdeckt hat. Als der Prophet einmal so krank war, dass er glaubte zu sterben, brachte ihm der Erzengel Gabriel ein schwarzes Gebräu. Kaum hatte er es zu sich genommen, fühlte er sich gestärkt wie ein Zwanzigjähriger. Er war derart geheilt, dass er in der Nacht 40 bewaffnete Reiter aus dem Sattel gehoben und 40 Frauen glücklich gemacht haben soll.

So erzählt es eine der vielen Legenden, die sich um die Herkunft des Kaffees ranken. Eine phantasievoller als die andere, wurden sie über die Jahrhunderte weiter gegeben, variiert und zum Teil mit den Tausend-und-eine-Nacht-Märchen vermischt. Dennoch enthalten sie alle etwas Wahrheit.

So könnte sich die Legende, die der syrische Mönch Faustus Naironus Banesius im Jahr 1617 aufgezeichnet hat, tatsächlich so zugetragen haben:

Im Jemen, in der Nähe des Klosters Chéhodet, ließen ein paar Hirten ihre Ziegen friedlich grasen. Eines Tages waren die Tiere nicht mehr zu bremsen. Sie sprangen wild umher, meckerten fröhlich, gaben auch nachts keine Ruhe. Entnervt suchten die um den Schlaf gebrachten Hirten nach der Ursache. Offenbar hing es damit zusammen, dass die Herde in den Bergen von Sträuchern gegessen hatte, an denen kleine rote Beeren wuchsen. Die Hirten erzählten den Mönchen des Klosters Chéhodet davon, die einen Aufguss aus den Beeren fertigten. Der Trunk versetzte auch sie in einen munteren, schlaflosen Zustand, der ihnen sehr willkommen war. Denn er hielt sie bei den nächtlichen Gebeten wach, die ihnen durch ihre Ordensregeln vorgeschrieben waren.

Eine dritte Geschichte erzählt von dem Ort, an dem der Kaffee entstanden sein soll. Sie spielt in seiner tatsächlichen Heimat – den Bergwäldern von Abessinien.

Der sehr alte Pilger Bata Maryan stand in Gebet und Meditation vertieft mehrere Stunden lang auf seinen Stock gestützt unbeweglich an einer Stelle. Da er dabei nichts aß und nicht schlief, brach er schließlich ohnmächtig zusammen. Sein Stock blieb währenddessen tief im Erdreich stecken. Als er wach wurde, fühlte er sich wohlig und gestärkt. Die Landschaft um ihn herum erstrahlte. Sein Stock war dicht mit Blättern und roten Früchten bewachsen. Durch ein Wunder war der Kaffeebaum genau an dieser Stelle entstanden!

> *»Wenn du zum Weibe gehst, halte dich frei von Sorgen und sei fröhlich. Auch sollst du nicht zu reichlich gegessen, wohl aber einen stärkenden Kaffee getrunken haben.«*
>
> SCHEICH HEFZAWI, 1516

Die Heimat der Bohne

Das Ursprungsland des Kaffees ist Abessinien, das äthiopische Hochland, wo er auch heute noch wild wächst. Schon im 9. Jahrhundert war der Kaffee in Äthiopien bekannt. Seine Wiege stand in den Bergwäldern der Provinz Kaffa; eine mögliche Erklärung für seinen Namen. In den 82 Sprachen Äthiopiens existieren für Kaffee die beiden Bezeichnungen bun und kawa in vielen Varianten. Möglicherweise gehen sie auf die ehemaligen Regionen Kaffa und Buno zurück.

Sicher ist, dass das Wort »Kaffee« von dem türkischen »kahve« abstammt, das auch »Kraft und Stärke« bedeutet. Entstanden ist es aus dem arabischen »qahwa«, dessen Wortstamm mit »keinen Hunger haben« übersetzt werden kann. Ursprünglich war die arabische Vokabel eine poetische Umschreibung des Weines, der gläubigen Moslems verboten ist. Sie stand für das »Berauschende« oder das »Aufregende«.

In den Jemen gelangten die Kaffeepflanzen über das Rote Meer. Die Araber waren die ersten, die den Kaffee kultivierten. Spätestens im 14. Jahrhundert wurde er im Jemen in größerem Umfang angebaut. An den Küstenhängen des Roten Meeres gab es künstlich bewässerte Plantagen. Auch wirtschaftlich wurde der Kaffee interessant. Die jemenitische Hafenstadt Mokka war der wichtigste Handelsumschlagplatz für das neue Getränk. Der Name »Mokka« stand Pate für die arabische Art einen Kaffee zuzubereiten.

Unzählige Mekka-Pilger verbreiteten im 15. Jahrhundert den Kaffee überall in der arabischen Welt. Wegen seiner anregenden Wirkung, trank man ihn zur Gebetsstunde in den Moscheen. In Mekka und Medina entstanden erste Kaffeeschenken. Dort wurde Backgammon gespielt, entspannt, geschwatzt und natürlich auch kritisch diskutiert. Als die Zahl der Kaffeeschenken zunahm, waren sie darum so manchem ein Dorn im Auge. Im Jahr 1511 setzten Geistliche, Ärzte und Rechtsgelehrte eine Schließung der »Kaffeehöhlen« durch. Lange dauerte sie jedoch nicht. Das belebende Getränk hatte schon zu viele Anhänger gefunden und war nicht mehr aufzuhalten. Der Sultan von Kairo, dem der Statthalter von Mekka unterstellt war, war selbst ein großer Kaffeetrinker. Kurzerhand hob er das Verbot wieder auf. Man einigte sich, dass Kaffee ein »gottgefälliges« Getränk sei, das dem Körper und Geist nicht schade. Er durfte von allen Muslimen, Männern und Frauen, genossen werden.

Ende des 16. Jahrhunderts beschreiben erstmals Europäer, die den Orient bereisen, den Kaffee. 1582 macht der Augsburger Arzt Leonhard Rauwolf den Anfang. Im syrischen Aleppo lernt er das Getränk kennen, das »wach hält« und dem Magen »gar dienstlich« ist. Der französische Reisende Jean de Thevenot liefert 1665 eine schöne Schilderung der entstehenden Kaffeekultur:

»Man trinkt (vom Kaffee) große Mengen

(…). Arm und Reich trinkt mindestens

zwei Tassen am Tag und er gehört zu den

Dingen, die der Mann seiner Frau nicht

vorenthalten darf.«

Tatsächlich waren Ehemänner verpflichtet ihre Frauen mit Kaffee zu versorgen. Taten sie das nicht, galt es als Scheidungsgrund.

Über Syrien gelangt der Kaffee nach Istanbul, wo er 1517 erstmals erwähnt wird. Als »Taverne ohne Wein« werden die Kaffeehäuser auch in der Türkei zum festen Bestandteil des Alltags. In Istanbul bedienen schöne bartlose Knaben die Gäste, die durch den Anblick dieser hübschen jungen Männer verführt werden, zu verweilen und noch mehr Kaffee zu genießen. Die mit leuchtenden Stoffen geschmückten und mit weichen Matten ausgestatteten Kaffeehäuser sind ein angenehmer Ort. Sie werden zur regelmäßigen Bühne für Geschichtenerzähler. Ob es der arabische »Hakawati« ist, der .162 seinem ehrfürchtig lauschenden Publikum Märchen und Sagen vorträgt oder der türkische »Meddah«, der Stimmen .163 nachahmt und einen Stock kreisförmig durch die Luft wirbelt, um damit schwirrende Geräusche zu erzeugen – beide möchten ihr Publikum im Kaffeehaus unterhalten.

Und noch eine andere neue Möglichkeit eröffneten die Kaffeehäuser. Eines der wichtigsten Gebote des Islam, Fremden Gastfreundschaft zu gewähren, kann dort erfüllt werden, ohne den Gast zwangsläufig nach Hause einladen zu müssen. Eine wichtige Funktion des Kaffeehauses – im öffentlichen Raum Privates zu erledigen – war erfunden und sollte später europäische Formen finden.

Canale Grande in Venedig

Carte Postale

»Endlich hat uns der Trank von den Ufern des Orients erreicht. Kostet dieses Getränk mit großem Genuss, und Eurer Mahl wird eine wahre Freude sein bis zum Schluss.«

PAPST LEO XIII.

Der Weg nach Europa

Venedig war die erste europäische Stadt in die der Kaffee gelangte. Seide, Gewürze und kostbare Stoffe brachten die Kaufleute ohnehin auf dem Seeweg in das damalige Zentrum des Orienthandels. Ab 1615 waren auch kleine Mengen Kaffee dabei. Wenige Jahrzehnte später, im Jahr 1645, eröffnete auf dem Markusplatz das erste Kaffeehaus Europas. Die Italiener waren hingerissen von dem starken Getränk. Sie nutzten die neu entstandenen Cafés zu allen Tageszeiten, um Geschäfte abzuschließen oder sich mit Freunden zu treffen. Am Morgen waren sie von Händlern und Reisenden bevölkert, am Abend wurden sie zu privaten Treffpunkten, auch für Frauen.

Die offensichtliche Lust am Kaffeegenuss wirkte provozierend und rief Gegner auf den Plan. Christliche Fanatiker forderten den Papst auf, dieses »Gebräu des Satans« mit einem Kirchenbann zu belegen, wodurch es gläubigen Christen verboten gewesen wäre. Aber Papst Clemens VIII. reagierte diplomatisch. Er verlangte den Kaffee zuerst selbst zu probieren. Und so brachte man ihm eine Tasse des duftenden schwarzen Getränks, die er vollständig leerte. Voller Begeisterung entschied er:

»Dieser Trank ist so köstlich, es wäre eine Sünde, diesen nur den Ungläubigen zu überlassen. Wir wollen den Satan bezwingen, indem wir den Trank taufen, um ihn so zu einem wahren Christengetränk zu machen.«

Der päpstliche Segen machte den Weg frei für die Ausbreitung des Kaffees in ganz Europa. Zu einem der berühmtesten venezianischen Cafés wurde das »Florian«, das 1720 am Markusplatz eröffnete und noch heute in seiner alten Pracht besteht.

Kaffee sorgt für Ernüchterung

Der Kaffee veränderte den Alltag in Europa grundlegend. Seit dem Mittelalter war in weiten Teilen der Bevölkerung die Biersuppe das normale Frühstück gewesen. Ein Großteil der Menschen befand sich in einem dauernden Rauschzustand. Denn das häufig verseuchte Trinkwasser konnte Krankheiten auslösen und war daher wenig beliebt. Zudem half der Alkohol, den schweren Alltag zu vergessen. Besonders in dem von Kriegen, Pest und Tyrannei gebeutelten London zog sich die »Trunksucht« durch alle Gesellschaftsschichten. Die Briten hatten die Wahl zwischen schweren, dunklen Bieren, Rum und Whisky.

Der Kaffee, der England fast 100 Jahre vor dem Tee eroberte, sorgte für einen klaren Kopf. Er war eine echte Alternative zu alkoholischen Getränken und half gleichzeitig gegen den Rausch, wenn er schon da war.

Arbeiterinnen sortieren Kaffee in der Fabrikhalle

Der morgendliche Kaffee löste in Europa die Biersuppe ab. Besonders Fabrikbesitzer erkannten rasch, wie wichtig das war. Auf einmal waren die Arbeiter nüchtern, weniger streitsüchtig und pünktlich zur Stelle. Kaffee wurde – anders als der Müßiggänger Schokolade oder der meditative Tee – zum Verbündeten der Arbeit. Das zeichnet sich noch heute an der Akzeptanz des Bürokaffees ab.

Auch das geschäftstüchtige Londoner Bürgertum entdeckte das Coffeehouse und machte es zum Ersatz für den Firmensitz. An den Wänden zeigten riesige Uhren an, ob es Zeit für den nächsten Termin war. Ein Engländer, der 1738 nach Hamburg reiste, wunderte sich, dass dort im Kaffeehaus nur Zeitung gelesen wurde »ohne die geringste Spur davon, daß dort irgendein Geschäft abgeschlossen würde.«

Londons Kaffeehäuser wurden zu Zentren intelligenter Gespräche und Unterhaltung. Man nannte sie »Penny Universities«, weil der Eintritt einen Penny betrug. Noch etwas war neu: Im Coffeehouse galten keine Standesunterschiede. Alle Gäste, die bezahlen konnten, saßen im gleichen Raum zusammen, egal welchen Beruf sie ausübten. Nur Frauen waren in diesen Stätten der Toleranz noch bis 1730 nicht willkommen. Mit der Londoner »Women's Petition against Coffee« machte 1674 die Frauenbewegung ihrem Ärger Luft. Sie warfen den Männern vor, dass der Kaffee sie impotent mache. Das stimmte insofern, dass die Männer ihre gesamte Zeit im Kaffeehaus verbrachten und nicht mehr nach Hause kamen. Eine Wirkung hatte die Flugblattaktion aber nicht.

Inzwischen verbreiteten die Holländer den Kaffee über die Welt. Sie pflanzten ihn z. B. in ihren Kolonien in Ceylon an.

> »Der Kaffee kommt in den Magen, und alles gerät in Bewegung; die Ideen rücken an wie Bataillone der Grande Armée auf einem Schlachtfeld.«
>
> HONORÉ DE BALZAC

Das Getränk der Revolution

Über die Hafenstadt Marseille kam der Kaffee nach Frankreich. Dort hatte er es anfangs schwer. Die Winzer erwiesen sich als erbitterte Gegner des neuen Getränks, weil sie darin eine Konkurrenz für den Wein sahen. Ärzte erklärten den Kaffee aufgrund seiner Wirkung zum Medikament, das nur in Apotheken verkauft werden dürfe.

In Paris wurde der Kaffee mit viel Pomp eingeführt: Man lernte ihn 1669 durch den Gesandten des türkischen Großwesirs Soliman Aga kennen. Er ließ sich dort in einem prächtigen Palast mit seinem Gefolge nieder. Neugierig strömte nach und nach der ganze Hof des Sonnenkönigs Ludwig XIV. herbei, um den Gesandten zu besuchen. Die märchenhafte Atmosphäre, die prunkvollen Goldverzierungen, die orientalischen Düfte verzauberten die Pariser Gesellschaft. Die Hofdamen lagerten auf riesigen bestickten Kissen und schlürften aus kleinen silbernen Tässchen das sonderbare Getränk – das ihnen anfangs noch so gar nicht schmeckte.

Erst als man Zucker dazu reichte, fanden sie Gefallen daran und viele lobende Worte darüber, wie gut der Kaffee ihnen täte. Kaffeebäumchen wurden zur Mode in den botanischen Gärten und Orangerien der europäischen Höfe.

Auch auf den Märkten und Straßen von Paris verbreitete sich das schwarze Getränk rasant. Berichtet wird von einem Armenier, der 1672 öffentlich Kaffee auf dem Markt von St. Germain ausschenkte. Die Aufzeichnungen von Jean de La Roque erzählen außerdem von einem »kleinen Hinkenden«, der von Haus zu Haus ging und Kaffee anbot. Wer welchen wollte, bat ihn herein und ließ sich einen Becher füllen.

»Er hatte ein sehr sauberes Tuch umgebunden, trug in der einen Hand ein spezielles Rechaud mit der Kaffeekanne, in der anderen eine Art Wasserfaß, und um sich gebunden hatte er ein ganzes blechernes Inventar von Kaffeeutensilien,« schreibt de La Roque.

Als erstes Pariser Café eröffnete 1672 das ›Procope‹. Es existiert noch heute in der Rue des Fossés-Saint-Germain, wohin es 1686 umzog. Mit goldgerahmten Spiegeln und Kristallleuchtern war es auf französische Art eingerichtet. Zum Kaffee wurden Likör, Süßigkeiten und die Zeitung gereicht. Das Café Procope wurde zum Treffpunkt der Pariser Intellektuellen. Hier wurden Gespräche geführt, die die Welt veränderten. Zu den Stammgästen des Cafés gehörten über die Jahrhunderte hinweg unter anderen Voltaire, Rousseau, Robespierre, Balzac, George Sand, Victor Hugo und schließlich Simone de Beauvoir und Jean-Paul Sartre. Balzac trank viel schwarzen Kaffee, ohne Milch und Zucker. Die Kaffeekanne durfte während des Schreibens nie fehlen.

Für die französischen Reformer wurde der Kaffee zu einem Symbol der Aufklärung. Sie verurteilten den Alkohol, der das Volk daran hinderte, einen vernünftigen Gedanken zu fassen. In vielen durchdiskutierten Nächten hielt der Kaffee sie wach und nüchtern. In Kaffeehäusern wurde gestritten und geplant. So ging dem Sturm auf die Bastille im Juli 1789 unmittelbar eine Rede des Rechtsanwaltes und Journalisten Camille Desmoulins voraus, der zu den Anführern der Französischen Revolution gehörte. Nicht zufällig hielt er sie in einem Café.

»Es mochte etwa sieben Uhr morgens gewesen sein, als wir ins Café Magerl kamen.

Die ersten Bäckerjungen trafen ein, schneeweiß und nach frischen Kaisersemmeln duftend, nach Mohnstriezeln und nach Salzstangeln.

Der frisch gebrannte, erste Kaffee, jungfräulich und würzig, roch wie ein zweiter Morgen.«

JOSEPH ROTH

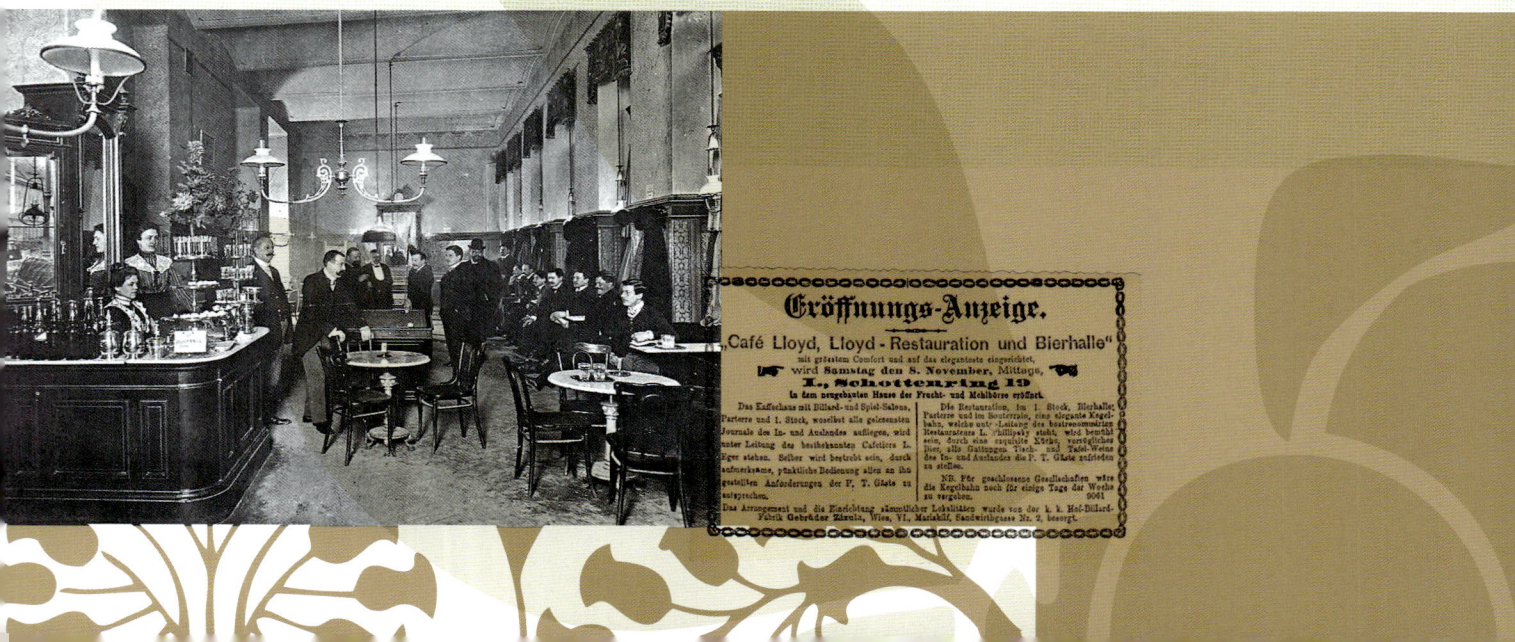

Wien erobert den Kaffee

Es gibt eine Liebesgeschichte zwischen dem Kaffee und der österreichischen Hauptstadt. Wie in allen großen Geschichten mischen sich in ihr Wahrheit und Legende: Das Jahr 1683 begann für Wien düster. Das türkische Heer war weit nach Europa vorgedrungen und belagerte die Stadt. Die Lebensmittel wurden knapp und die Wiener dachten ans Aufgeben. Da bot sich der Pole Georg Kolschitzky, ein Dolmetscher für Türkisch und Arabisch, an, Herzog Karl von Lothringen die wichtige Botschaft zu überbringen, dass Wien Hilfe brauche. Ihm gelang, was niemand anderem möglich gewesen wäre: In türkische Gewänder gekleidet, spazierte er mit selbstbewusster Dreistigkeit durch die feindlichen Stellungen. Wurde er angesprochen, antwortete er in lupenreinem Türkisch. Bald darauf trafen die Truppen des Herzogs ein und schlugen die Belagerer in die Flucht.

So hat es sich zugetragen. Wahr ist auch, dass die ausgehungerten Wiener sich über die vielen Lebensmittel freuten, die die türkischen Belagerer zurückließen. Neben Schafen, Pferden, Kamelen, Getreide und Öl, war auch Rohkaffee darunter. Die schillernde Geschicklichkeit, mit der Kolschitzky die Stadt befreit hatte, brachte in den folgenden Jahren viele Legenden hervor. Eine von ihnen tauchte erstmals 1783 auf – zur 100-Jahr-Feier des Sieges über die Türken – und wird seitdem oft als historische Wahrheit erzählt: Der ungeröstete »Rohkaffee«, den die Türken zurückließen, wäre 164 fast als Abfall verbrannt worden. Denn niemand wusste mit den merkwürdigen hellen Körnern etwas anzufangen. Kolschitzky, der auf seinen Reisen durch die Türkei den Kaffee kennen gelernt hatte, erbat sich die Säcke als Lohn für seine Tat. In der Nähe des Doms soll er das erste Wiener Kaffeehaus eröffnet und die »Wiener Melange« erfunden haben.

Tatsächlich wird Rohkaffee damals den wenigsten bekannt gewesen sein. Möglich ist, dass der weit gereiste Dolmetscher auf seinem Weg durch die türkischen Lager welchen gesehen und erkannt hat. Mit der Eröffnung des ersten Wiener Kaffeehauses hatte er jedoch nichts zu tun. Die Wiener Kaffeehäuser kamen ganz von selbst.

In Wien entstand ein neuer Typ des Kaffeehauses, der es in aller Welt noch beliebter machte. Die verschiedenen Zubereitungen des Kaffees, die große Auswahl an Gebäck und Süßigkeiten, die Möglichkeit, öffentlich gesehen zu werden, ohne sich äußern zu müssen, die tägliche Morgenzeitung, die Inspiration durch Musik und Literatur, das Treffen mit Freunden – in Wien liefen alle Funktionen zusammen, die ein Kaffeehaus zu bieten hat.

Kaffee in Deutschland

Es dauerte fast hundert Jahre länger als im restlichen Europa, bis der Kaffee in Deutschland wirklich angenommen wurde. Das in Kleinstaaten aufgeteilte Land hatte keine eigenen Kolonien. Deswegen musste Kaffee von den Engländern oder Holländern bezogen werden – ein unerschwingliches Luxusgut für die normale Bevölkerung. Die blieb lieber erstmal bei ihrem bis dahin üblichen Frühstück, das aus Mehlsuppe und warmem Bier bestand. Das Bier hatte in Deutschland eine lange Tradition und konnte nicht so leicht verdrängt werden. Selbst das erste Kaffeehaus, das 1679 in Hamburg eröffnete, war eher ein steifer Versammlungsort für Gruppen. Es hatte mit den europäischen Kaffeehäusern in anderen Ländern wenig zu tun.

Anfang des 18. Jahrhunderts stand Friedrich II. der Große, der eigentlich als fortschrittlicher Denker galt, mit dem Kaffee auf Kriegsfuß. Er sah darin eine Gefahr für seine Staatsfinanzen. Solange die Deutschen Bier tranken, blieben die Devisen im Land. Also wollte der Preußenkönig sie notfalls dazu zwingen. Er fand, dass »nicht alle Maurer, Mägde und dergleichen von ihrer Hände Arbeit sich ernährende Personen Coffee trinken sollten«. Das Bier habe ihm auch nicht geschadet, lamentierte er:

»Seine Majestät sind Höchstselbst in dero Jugend mit Biersuppe erzogen worden, das ist viel gesünder als der Coffee.«

Am 21. Januar 1781 erließ er ein Dekret, das Privatleuten verbot Kaffee zu rösten oder zu besitzen. In den öffentlichen Brennhäusern war der Kaffeepreis jedoch so hoch, dass kaum jemand ihn bezahlen konnte.

Kaffeevisite.

> *»Ei wie schmeckt der Kaffee süße,*
>
> *lieblicher als tausend Küsse,*
>
> *milder als Muskatenwein.«*
>
> JOHANN SEBASTIAN BACH, KAFFEEKANTATE

Die Kaffeeschnüffler des Alten Fritz

Das skandalöse Verbot brachte dem Alten Fritz viel Ärger ein. Um zu kontrollieren wer heimlich Kaffee röstete, schickte er Soldaten durch die Straßen, die dem Geruch nachspüren sollten. Wer beim unerlaubten Rösten erwischt wurde, wurde mit einer saftigen Geldstrafe oder 14 Tagen Gefängnis bestraft. Die »Kaffeeschnüffler« waren beim Volk entsprechend verhasst. Nun wurde erst recht heimlich Kaffee getrunken. Nach Friedrichs Tod im Jahr 1786 wurde die Verordnung wieder abgeschafft. Die öffentlichen Kaffeeröstereien blieben bestehen.

Noch bis ins 19. Jahrhundert war Kaffee in Deutschland ein Genussmittel der Reichen. Aus zwei Gründen leisten sich alle anderen auch den einen oder anderen Schluck: Erstens unterdrückte Kaffee das Hungergefühl. Wenn das Geld für richtige Mahlzeiten nicht reichte, wurde das warme, stimulierende Getränk wie Suppe mit eingebrocktem Brot gegessen. Zweitens war es wie ein innerer Kampf um die Privilegien der Reichen, trotz seines Preises ab und zu Kaffee zu trinken.

Um zu sparen, wurde der Bohnenkaffee zweimal aufgebrüht. Der »Blümchenkaffee« war dann so dünn, dass man das Blumenmuster auf dem Tassenboden sehen konnte. Oder der teure Bohnenkaffee wurde mit dem neu erfundenen Ersatzkaffee vermischt. Das Gebräu aus gebrannter Gerste und Malz ähnelte dem edlen Importprodukt. Falscher Kaffee, »Mocca faux«, haben es die Franzosen genannt, denen es die preußischen Soldaten während der deutsch-französischen Kriege abgeschaut hatten. »Muckefuck« machte das Volk daraus und in dem Wort schwang immer etwas Verachtung und Enttäuschung mit. Ein schäbiger Ersatz für das Luxusgefühl, das sich bei echtem Bohnenkaffee einstellte.

Schloss Weimar

Inzwischen hatte der Kaffee in den großbürgerlichen Kreisen des 18. Jahrhunderts seine Liebhaber gefunden. Zeitgleich mit der Ankunft des Kaffees in Leipzig und Weimar erlangten die beiden Städte ihre hohe kulturelle Bedeutung. Die wichtigsten Dichter, Gelehrten und Künstler Deutschlands, die dort lebten, unter ihnen Goethe, Humboldt und Bach, waren große Kaffeetrinker.

Würden die Deutschen weiter Bier trinken, prophezeite Goethe, werde man in ein paar Generationen sehen, was die Bierbäuche aus ihnen gemacht hätten und es an der »Geistlosigkeit, Verkrüppelung und Armseligkeit unserer Literatur« zuerst bemerken. Goethe schlug vor, den Kaffee zu destillieren. Der deutsche Chemiker Friedlieb Ferdinand Runge, der 1819 diesem Rat folgte, entdeckte dabei das »Koffein«.

.163

.163 Ein anderer Freund des neuen Getränks, Johann Sebastian Bach, beweist in seiner 1734 veröffentlichten »Kaffeekantate«, einen ausgeprägten Sinn für Humor. Das Stück, das für die Aufführung im Leipziger Kaffeehaus gedacht war, handelt von einem Herrn Schlendrian, der seiner Tochter die Unsitte des Kaffeegenusses abgewöhnen will. In Liesgen löst der Kaffee eine süße Lust aus und sie schwärmt: »Coffee, Coffee muss ich haben / Und wenn jemand mich will laben / Ach, so schenkt mir Coffee ein!« »Hat man nicht mit seinen Kindern hunderttausend Hudelei!«, seufzt Schlendrian. Erst als er seiner Tochter verspricht, sie zu verheiraten, gibt sie Ruhe. Der Ehemann soll allerdings einer sein, der ihr das Kaffeetrinken jederzeit gestattet.

Ohnehin waren es die Frauen, die ein besonders Verhältnis zum Kaffee entwickelten. Er regte zum Trinken in Gemeinschaft an, wie Alkohol, schadete aber der Gesundheit und dem Ruf weniger. Zu keiner Tageszeit erschien er unpassend und war damit immer ein willkommener Anlass Besucher zu empfangen oder selbst der häuslichen Enge zu entfliehen. So wird es im Laufe des 18. Jahrhunderts im Bürgertum üblich, Gäste zum Morgenkaffee einzuladen. Eine Sitte, die kurze Zeit später auch für den Nachmittag gilt. Bei diesen Geselschaften, zu denen manchmal auch Männer gehörten, wurde die Gastgeberpflicht reihum weitergegeben. Die Gastgeberin trug einen Kranz auf dem Kopf, den sie nach dem Essen an diejenige weiterreichte, die das nächste »Kaffeekränzchen« .163 ausrichten sollte. So sehr dieses biedere Treffen auch schon

von seinen Zeitgenossen belächelt wurde, so unterschiedlich waren die Gruppen, die unter dem Motto des Kaffeetrinkens zusammen fanden. So gab es Mitte des 19. Jahrhunderts ein »Kaffeekränzchen« in Berlin, hinter dem sich eine beachtliche Schriftstellerrunde verbarg, zu der u. a. Gisela von Arnim und Jacob Grimm gehörten.

Das Besondere an der deutschen Kaffeegeschichte ist, dass das neue Getränk zuerst im Privaten getrunken wurde und erst später öffentlich wurde.

Deutschland hat die Phase in der sich die europäische Kaffeehauskultur entwickelte, bei der Orte des besinnlichen Beisammenseins und der Rebellion entstanden, schlicht übersprungen. Wie zum Ausgleich war jedoch die Begeisterung umso größer, als der Kaffee endlich auch hierzulande zum Volksgetränk wurde. Im 19. Jahrhundert gab es keine Nation, die mehr Kaffee trank als die Deutschen. Und noch heute hat Deutschland nach den US-Amerikanern und den Skandinaviern den weltweit größten Kaffeeverbrauch.

Eine neue Kaffeekultur ist mit den amerikanischen Coffee-Bars entstanden. Im Jahr 2002 öffnete das erste Starbucks in Berlin. Inspiriert von den italienischen Kaffeebars hatte der Gründer der Kette, Howard Schultz, 1984 die erste Filiale in den USA eröffnet. Heute sind es weltweit rund 5.000. Nicht jeder mag Kaffee zum Mitnehmen, Sinnbild einer hektischen Zeit. Die Kultur der Coffee-Bars unterscheidet sich jedoch weniger als man denkt von der Funktion, die Kaffeehäuser zu jeder Zeit hatten. Sie sind ein Treffpunkt. Mit weichen Sofas ausgestattet ist der Raum so etwas wie ein zweites Wohnzimmer. Er ist gleichzeitig öffentlich und privat. Die Besucher bringen, wie zu jeder Zeit, auch ihre Arbeit mit, nur sind es inzwischen Laptops statt Schreibblocks. Moderne Kaffeehauskultur ist lebendig und erfindet sich ständig neu.

VON DER
PLANTAGE
IN DIE TASSE

Es ist wie beim Weinanbau: Wie gut ein Kaffee sein wird, entscheidet sich schon auf der Plantage. Wo der Kaffee wächst, spielt eine große Rolle für den Geschmack, der in der Tasse landet. Das Klima und der Boden des Herkunftslandes sind verantwortlich für sein Aroma. Mindestens genauso bestimmend ist jedoch die Sorgfalt bei der Ernte!

Für Spitzenkaffees werden die schlechten Bohnen von Hand aussortiert. Das bedeutet, dass nicht nur guter Wein, sondern auch guter Kaffee, eine Auslese ist. Viel Erfahrung braucht man auch für die ideale Aufbereitung: Wie können die Bohnen aus der Frucht gelöst werden, ohne dass ihr Aroma leidet? Erkennt man Verarbeitungsfehler tatsächlich später am Geschmack?

Nur wer weiß, wie Kaffee gemacht wird, kann die perfekte Tasse auswählen.

Rot wie Kirschen

Kaffee wächst an einem Baum, der bis zu 12 Meter hoch und über 50 Jahre alt werden kann. Auf der Plantage wird er jedoch nicht annähernd so hoch, denn um die Früchte besser ernten zu können, werden die Bäume auf drei Meter zurückgeschnitten. Wild kommen Kaffeebäume nur noch in ihrem Heimatland Äthiopien vor.

Die roten Beeren der Bäume sehen aus wie Kirschen und werden daher »Kaffeekirschen« genannt. Die Kerne dieser Kirschen sind die Kaffeebohnen. Die Pflanze ist übrigens eine entfernte Verwandte unseres Waldmeisters, hat aber außer dem botanischen Familiennamen wenig mit ihm gemeinsam.

Der Kaffeebaum ist eine besondere Schönheit. Seine schneeweißen Blüten duften nach Jasmin. Er nimmt sich Zeit und braucht von der Blüte bis zur Reife der Früchte knapp ein Jahr. Dadurch kann etwas geschehen, was wie ein Wunder aussieht: Der Baum trägt gleichzeitig Blüten und Früchte! Es sind die Beeren des älteren Holzes und die Blüten der jungen, nachwachsenden Zweige. Je nach Reifegrad verändern die Früchte ihre Farbe von grün über gelb zu dunkelrot. Erntereif sind sie erst, wenn sie tiefrot sind.

Etwas Geduld ist nötig: Drei Jahre dauert es, bis ein Kaffeebaum zum ersten Mal geerntet werden kann. Als Tropenpflanze braucht er ständig Temperaturen von 15 bis 25 °C. Schon bei 10 °C können die Bäume eingehen. Oberhalb und unterhalb des Äquators bis zum Wendekreis finden sie daher die richtigen Bedingungen. Kaffeebäume lieben viel Wärme, brauchen aber andererseits auch einen Schutz gegen zu direkte Sonne. Auf Plantagen werden darum Bananenbäume zwischen die Kaffeepflanzen gesetzt, die ihre schützenden großen Blätter wie ein Dach über ihnen ausbreiten.

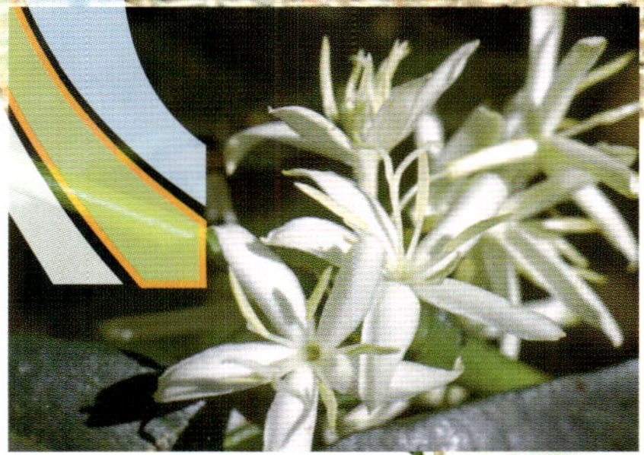

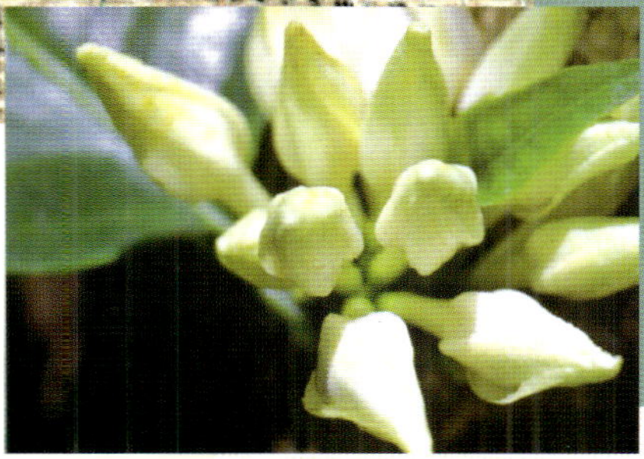

Der Kaffeebaum trägt weiße Blüten.

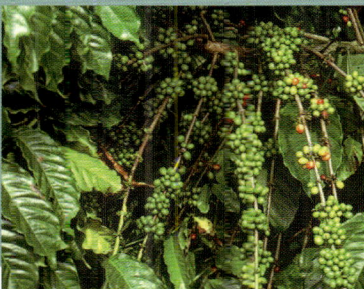

Kaffeekirschen verschiedener Reifegrade an einem Zweig.

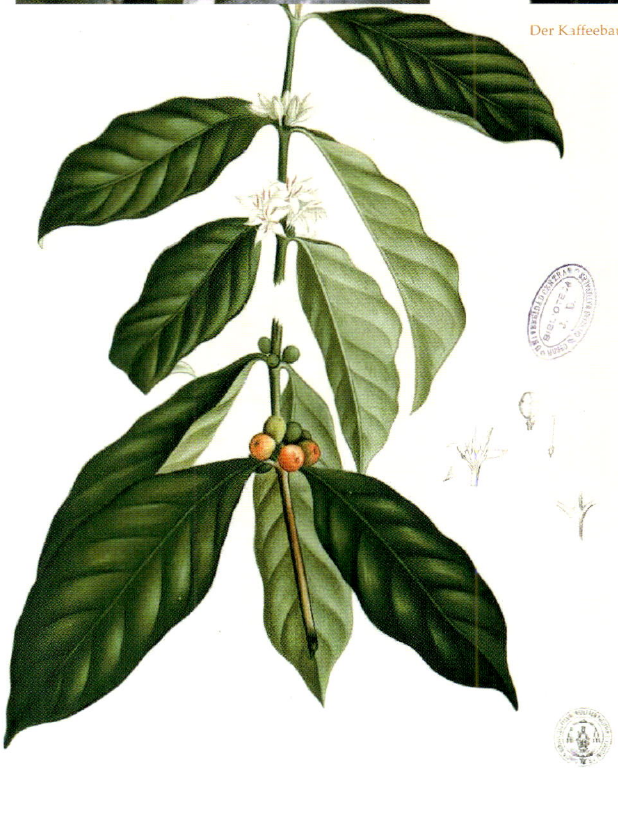

COFFEA ARABICA.—LINN.—Blanco.—DC.

Lit. Verdaguer, Barcelona

Äthiopischer Erntehelfer pflückt die tiefroten Kaffeekirschen von Hand.

Reif für die Ernte

Die sorgfältige Auswahl der richtigen Bohnen ist das Wichtigste für eine gute Ernte! Nur die tiefroten reifen Früchte liefern aromatischen »Rohkaffee«. Grüne dürfen nicht mit verarbeitet werden, ebensowenig wie die überreifen schwarzen Früchte. Der Geschmack findet sich sonst später im Kaffee wieder. Er hinterlässt bei zu grün geerntetem Kaffee ein pelziges Gefühl auf der Zunge, wie man es von unreifen Bananen kennt. Auch das faulige Aroma von überreifen Bohnen setzt sich bis in die Tasse fort.

Um ganz sicher zu gehen, nur die vollreifen Früchte zu ernten, muss man sie von Hand pflücken. Dieses »Picking« ist sehr aufwändig, zumal Kaffee häufig an steilen Berghängen angebaut wird. Aber es führt zum besten Ergebnis. Bohne für Bohne wird für hochwertige Qualitätskaffees mit Augen und Händen ausgewählt. Das hat natürlich seinen Preis.

Einfacher ist es, abzuwarten bis die meisten »Kaffeekirschen« reif sind und sie dann mit einem Kamm vom Ast zu streifen. Bei diesem Verfahren, das man »Stripping« nennt, werden nicht verwertbare Bohnen nachträglich aussortiert – meist allerdings nicht ganz vollständig.

Bei der dritten Methode, der maschinellen Ernte, wird nicht nachsortiert. Erntemaschinen reißen die Früchte mit drehenden Bürsten von den Ästen. So bekommt man minderwertigen aber billigen Rohkaffee und schädigt die Kaffeepflanzen.

Eine einfache Rechnung zeigt, dass Kaffee keine Massenware sein kann ohne seine guten Eigenschaften einzubüßen. Der Ertrag pro Kaffeebaum schwankt zwischen 500 Gramm und zwei Kilogramm Rohkaffee. Daraus werden nur 80 bis 320 Gramm gerösteter Kaffee. Es ist ein wertvoller Genuss, bei dem es sich lohnt zum hochwertigen Produkt zu greifen.

Die Hüllen fallen

Je zwei Bohnen sind vom Fruchtfleisch der Kaffeekirsche umschlossen. Sie sind an einer Seite leicht gewölbt und an der anderen flach. Mit der flachen Seite liegen sie aneinander. Manchmal findet sich in der Kaffeefrucht auch nur eine einzelne runde Bohne, die dann poetisch »Perlbohne« heißt. Zwei weitere dünne Lagen trennen die Bohnen vom Fruchtfleisch: Das zarte Silberhäutchen umhüllt die Kaffeebohnen direkt. Darüber liegt die härtere Pergamentschale, erst dann kommt das gelbe Fruchtfleisch mit seiner äußeren roten Kirschhaut. All diese Schichten müssen entfernt werden, um an die wertvollen Bohnen – den Rohkaffee – zu gelangen.

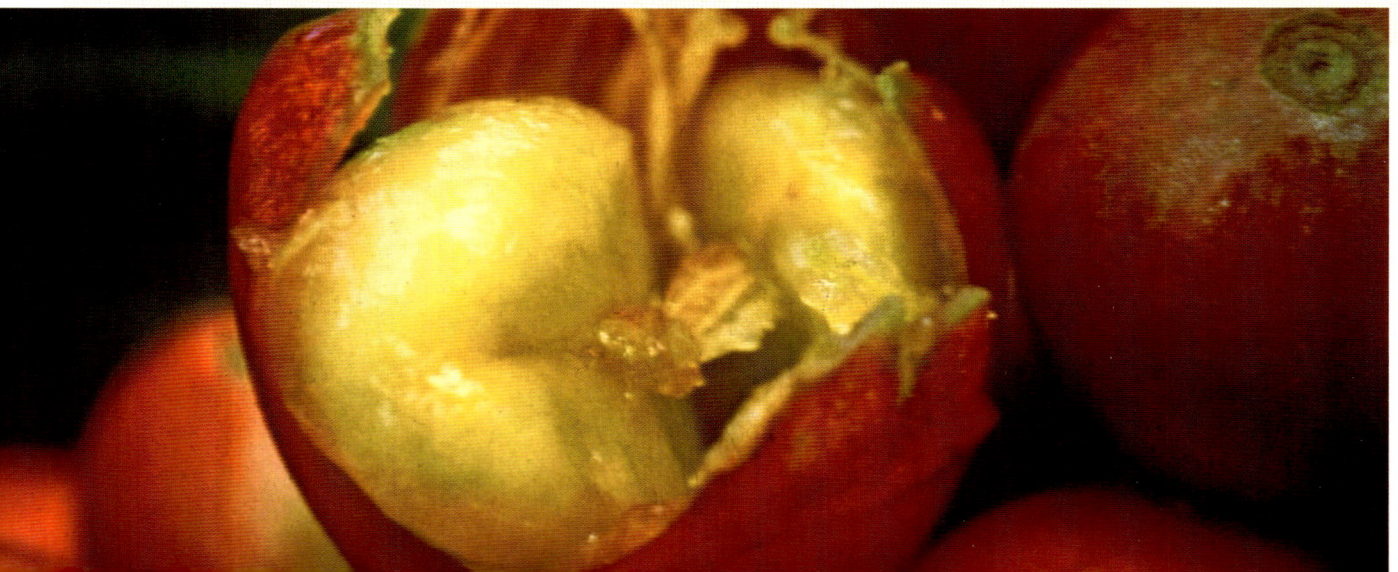

Gleich nach der Ernte muss es schnell gehen, damit die Früchte nicht zu faulen beginnen. Ist der »Rohkaffee« erst einmal aufgearbeitet, hält er sich mehrere Monate. Es gibt drei Methoden um die Bohnen vom Fruchtfleisch zu trennen: die trockene, die nasse und die halbtrockene Aufbereitung. Bei ersterer trocknet man die »Kaffeekirschen« so lange in der heißen Sonne, bis sich das Fruchtfleisch von den Bohnen löst. Ein Test zeigt, ob es trocken genug ist: Schüttelt man die Früchte, klappern sie in der fest gewordenen Schale. Dann kommen sie in die Schälmaschine, werden gesiebt und verlesen. So verarbeitete Kaffees werden als »natural« oder »unwashed« bezeichnet.

Bei der zweiten Methode, der nassen Aufbereitung, wird das Fruchtfleisch unter fließendem Wasser in einer Presse von den Bohnen abgequetscht. Dabei bleiben Pergamentschale und »Silberhäutchen« noch an ihnen haften und wirken wie ein Schutzfilm. Der gewaschene Kaffee wird durch natürliche Bakterien und Enzyme kontrolliert »fermentiert«. Das tut man, um »Gerbstoffe« abzubauen. Nach ein bis zwei Tagen wird der Prozess durch einen Trockengang gestoppt. Dazu kommen die Bohnen in eine Maschine, die wie ein riesiger Wäschetrockner aussieht. Unter Walzen werden auch die letzten Hüllen vom Rohkaffee abgestreift. Das geschieht aber manchmal erst beim Exporteur.

Die nasse Aufbereitung ist aufwändiger, teurer und wird oft als generell hochwertiger bezeichnet. Beide Verfahren haben aber Vor- und Nachteile, können fehlerhafte oder ausgezeichnete Kaffees hervorbringen. Die trockene Aufbereitung ist die nahe liegende, ursprüngliche Methode. Kaffee im Freien zu trocknen ist einfach und preiswert. Und reichlich Wasser, wie es für die nasse Aufbereitung benötigt wird, steht nicht überall auf der Welt zur Verfügung. Das Problem des ungewaschenen Kaffees ist: Während die Früchte in der Sonne ausgebreitet liegen, können sie teilweise überfermentieren, also faulen. Das geschieht, wenn sie ungleichmäßig gewendet werden. Sortiert man diese fehlerhaften Früchte nicht aus, überträgt sich der faulige Geschmack auf den Rohkaffee. Es bedarf also besonderer Sorgfalt und großer Erfahrung, die mit dem Einsatz von Billiglohnarbeitern im Anbauland nicht garantiert werden kann. Ein sorgfältig trocken aufgearbeiteter Qualitätskaffee schmeckt aber wunderbar mild und ist etwas säureärmer als gewaschener.

Nass aufgearbeiteter Rohkaffee behält seine Pergamentschale und Silberhaut bis zuletzt. Das schützt sein empfindliches Aroma. Da der »Pergamino« hauptsächlich maschinell verarbeitet wird, gibt es weniger unkontrollierte, zufällige Fehlerquellen. Er hat daher eine gleich bleibende Qualität und ein ausgeprägtes Aroma. Sein Säureanteil ist höher als bei ungewaschenem Kaffee. Profis schmecken, ob Kaffee in der Sonne oder in die Maschine getrocknet wurde. Ist letzteres der Fall, schmeckt er rauchiger.

Noch weniger bekannt ist eine dritte Methode. Der »halb gewaschene« oder »semi dry« Kaffee wird vom Fruchtfleisch befreit, indem man es abquetscht, wie bei der nassen Aufbereitung. Die Pergamentschale und Silberhaut bleiben erhalten. Statt sie kontrolliert zu fermentieren, werden die Bohnen gleich in der Sonne getrocknet. Anschließend wird der Rohkaffee noch einmal von Hand sortiert.

Für welche Methode man sich auch entscheidet: Um letztendlich einen guten Kaffee zu bekommen, muss eine ständige Auslese und Kontrolle der Bohnen stattfinden. In Säcke verpackt geht der Rohkaffee auf Weltreise. Ein paar Monate können bis zu seiner Röstung vergehen, ohne dass die Qualität darunter leidet.

Der Rohkaffee wird nachsortiert, so wird die Qualität verbessert.

GEHEIMNISSE DER BOHNE

Kaffee ist nicht gleich Kaffee. Die verschiedenen Bohnensorten schmecken unterschiedlich. Die Sonnenstunden, die Regenmenge, die Art des Bodens von dem sich die Pflanze im Anbauland nährt – all das sind Informationen die sie speichert. Im Kern ihrer Früchte, den Kaffeebohnen, entwickeln sich die unterschiedlichen Aromen auch durch diese Einflüsse.

Ein frisch zubereiteter Kaffee kann nach weißen Blüten duften, nach Schokolade oder nach Walnüssen. Mischt man die Sorten zusätzlich zum »Blend«, ergeben sich unzählige Möglichkeiten immer neue Genüsse zu komponieren. Nicht die Frage danach, ob ein Kaffee gemischt oder pur getrunken wird ist entscheidend, das Gesamtwerk muss gelungen sein. Denn ebenso wie beim Wein kann ein sortenreines Spitzenprodukt ein Hochgenuss sein, genauso wie die perfekte Mischung. Wer trinkt einen hervorragenden Riesling nicht ebenso gern wie einen guten Bordeaux?

Erst die Vielfalt macht den Reiz des Kaffeeprobierens aus!

.158

»Drei Dinge gehören zu einem guten Kaffee: erstens Kaffee, zweitens Kaffee und drittens nochmals Kaffee.«

ALEXANDRE DUMAS

Die großen Sorten

Um die Bohne besser zu verstehen, muss man wissen, was in die Tüte kommt. Rund 60 verschiedene Bohnensorten gibt es. Nur zwei von ihnen haben eine wesentliche wirtschaftliche Bedeutung. Alle anderen Sorten machen zusammen nur ein Prozent des weltweit verkauften Kaffees aus. Je nachdem in welcher Mischung »Arabica« und »Robusta« angeboten werden und aus welchem Land sie kommen, können sie dennoch völlig unterschiedlich schmecken.

.158
.164

Am stärksten verbreitet ist die Sorte »Coffea arabica«, die weltweit rund 60 Prozent der Kaffeekulturen ausmacht. Im Handel heißt sie einfach Arabica. Ihr Name weist darauf hin, dass sie erstmals im Jemen kultiviert wurde. In den verschiedenen Anbauländern haben sich viele Varianten dieser Sorte entwickelt. Dazu gehört z. B. der »Tipica« oder der »Maragogype«, der 1870 in Brasilien entdeckt wurde. Bedeutend ist auch die Arabica-Variante »Bourbon«, die von der Insel Réunion stammt, die früher Bourbon hieß. Zu den Arabica-Kaffees gehört auch der »Mokka«. Das Wort Mokka bezeichnet also sowohl eine Variante der Kaffeesorte Arabica, als auch die arabische Zubereitungsart von Kaffee. Das kann beim Einkaufen zu Verwirrung führen, wenn man es nicht weiß.

.165
.163
.158
.163

robusta
robusta / arabica
arabica

Knapp 40 Prozent des Marktanteils bestreitet die zweite Sorte: »Coffea canephora«. Zu ihr gehört die Variante Robusta, unter deren Name der Kaffee vor allem bekannt ist. Er wurde 1898 im tropischen Afrika entdeckt, wo er noch heute wild wächst. Die Pflanze ist empfindlich gegen Trockenheit. Dafür hält sie höhere Temperaturen aus und ist sehr widerstandsfähig gegen Krankheiten. Auch reifen ihre Früchte schneller als die des Arabica. Bei den Erzeugern ist Robusta daher sehr beliebt. Die meisten Verbraucher ziehen jedoch den »Arabica« vor. .158

Arabica ist immer ein bisschen eleganter. Das ist schon rein äußerlich so: Die Bohnen haben eine geschwungene Kerbe, während man die Robusta-Bohne am geraden Einschnitt erkennt. Der ausgeprägte Geschmack ist fein und vielschichtig. In fast jedem Anbauland hat der Arabica ein eigenes Gesicht entwickelt. Die nuancenreichen Bohnen haben eine schöne Fruchtsäure, die besonders in Nordeuropa beliebt ist. Dort wird das spezifische Aroma des Arabica als eigentlicher Kaffeegeschmack wahrgenommen. In konzentrierter Zubereitung – z. B. als Espresso – kann seine Säure aber auch als zu intensiv empfunden werden. In vielen Espresso-Mischungen ist daher auch ein Anteil Robusta. In Süditalien ist sogar Espresso aus reinem Robusta beliebter.

»Robusta«-Bohnen enthalten in der Regel doppelt soviel Koffein wie Arabica. Sie bringen ein erdiges, holziges Aroma mit. Gibt man Zucker in den fertigen Kaffee, verstärkt sich ihr Karamellgeschmack. Pur genossen kann Robusta als zu ruppig und eindimensional empfunden werden. Seine Stärke liegt vor allem in der Kombination mit Arabica. In der Mischung liefert der Robusta zusätzlichen »Körper«. Damit kann er das Aroma des feingliedrigen Arabica verstärken. Da die Robusta-Bohnen weniger Kaffeeöl enthalten, sorgen sie außerdem beim Espresso aus der Maschine für eine stabile Schaumschicht, die »Crema«. Manche Röster geben schon allein darum ein bisschen Robusta mit in die Mischung – die Crema ist schön fürs Auge und liefert ein besonderes Trinkgefühl. .164 .163 .160

Durch die richtige Mischung der beiden Sorten lässt sich die perfekte Tasse komponieren. Ebenso wie aus der Kombination von Bohnen verschiedener Herkunftsländer. Ein guter »Blend« überzeugt durch Aromenvielfalt und Harmonie. Spitzenkaffees schmecken auch ungemischt. Bei minderwertigen Kaffees kann die Mischung natürlich benutzt werden, um Verarbeitungsfehler zu kaschieren. Aber viele verschiedene schlechte Bohnen ergeben auch keinen guten Kaffee. Wer genau hinschmeckt, wird Qualität erkennen. .158

g sind die Lok

	üllung ca.	S Ls
Ideal-Rapid Nr. 6	in Rohkaffee 120 kg	50
	in Rohkakao 150 kg	70
	in trock. Gerste 40 kg	50
	Bruttogewicht i ekisten	
	Gesamtpreis:	

Gewich...	Kraftbed.	Codew.	Seekisten
...0 kg	ca. 3,5—4 PS	Rex Carissima	240×170×160 cm 230×235×95 „ 170×130×110 „ 135×125×90 „ 180×130×120 „
...g	unverpackt ab Werk.		Im ganzen ca. 19 cbm

Den Kaffee schmecken

Nur fünf Geschmäcker liegen uns auf der Zunge: salzig, süß, sauer, bitter und umami, das das Gefühl der Fülle und des verstärkten Geschmacks beschreibt.

Ein paar tausend andere Aromen nehmen wir erst über die Nase wahr. Sie unterscheidet die Vielzahl der Reize viel differenzierter als der Gaumen. Daher auch der Eindruck, bei einer Erkältung nichts zu schmecken. Für den Kaffee spielen die Geschmäcker süß, sauer und bitter eine Rolle. Über die Nase werden z. B. Aromen von Schokolade, Nüssen, Karamell, Gewürzen, Beeren oder Blüten registriert.

Sehr wichtig für den Geschmack ist außerdem die Textur. Das Gefühl, das eine Speise im Mund hinterlässt, kann z. B. weich sein, knusprig oder schaumig. Das trifft zum Teil auch auf Getränke zu. Deswegen ist die Konsistenz des Milchschaums auf dem Cappuccino so wichtig. Sie kann cremiger oder fester sein. Auch das Empfinden von Hitze und Kälte spielt für unsere Sinne eine große Rolle. Etwas abgekühlt schmeckt ein Kaffee anders.

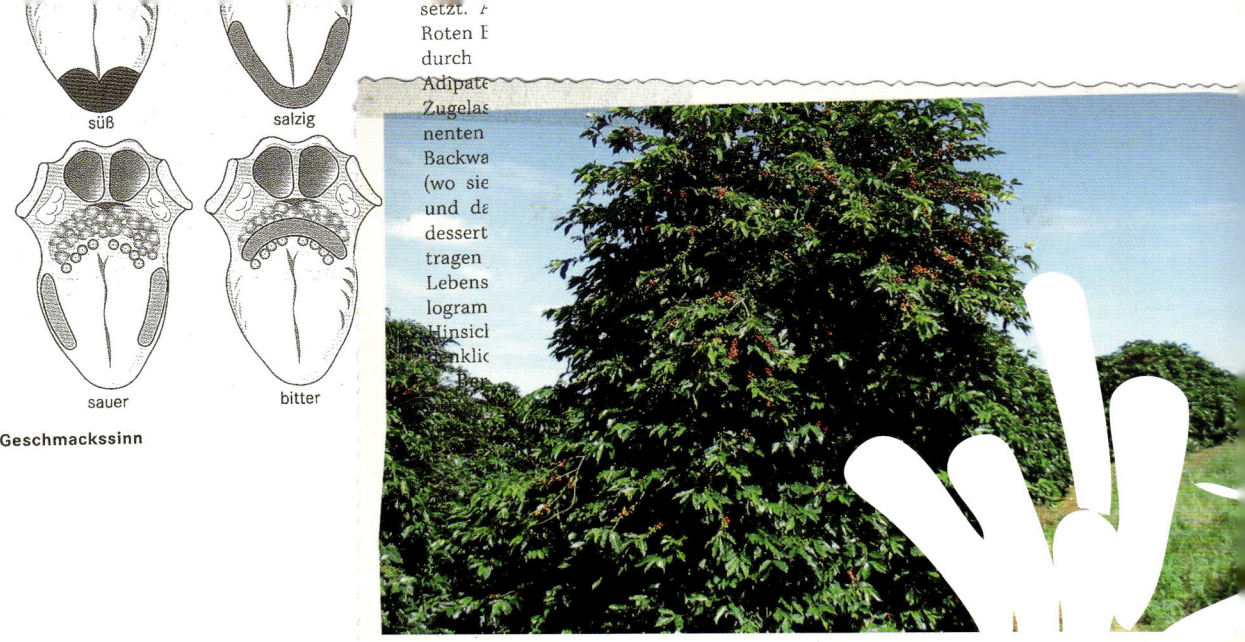

süß salzig

sauer bitter

Geschmackssinn

Der Härtetest, um störende Aromen besser zu erkennen, ist, den Kaffee einfach mal kalt zu probieren. Guter Kaffee schmeckt auch kalt getrunken angenehm! Sonst war es nie guter Kaffee.

Beim Kaffee bewerten die Profis neben den Aromen auch Säure, Körper und »Abgang«. Was hat es damit auf sich? Die Kaffeebohne ist eine Frucht und enthält Säure. Das Grundaroma »sauer« schmeckt man an beiden Seiten der Zunge als leichtes Kribbeln. Um sich zu erinnern, wie sich Saures anfühlt und wo im Mund es sich genau abspielt, kann man einen Schluck Orangensaft trinken. Allerdings nicht kurz vor der Kaffeeverkostung, weil Geschmackseindrücke eine Weile bestehen bleiben. Sonst besteht die Gefahr, dass jeder Kaffee nach Orange schmeckt.

Nicht wie viel Säure vorhanden ist entscheidet über die Qualität des Kaffees, entscheidend ist die Struktur der Säure. Gefragt ist die feine Säure, die sich als angenehmes Gefühl an den Zungenrändern abspielt. Nimmt sie dagegen vordergründig den ganzen Mund ein, ist der Kaffee nicht säurehaltig sondern sauer.

Mit »Körper« meinen die Fachleute einen Eindruck von Fülle im Mund. Trinkt man etwas Sahne, legt sich ein Film über die Zunge, der sich üppig anfühlt. Ein ähnliches Gefühl stellt sich bei einem »körperreichen« Rotwein ein – ein Mund voll Wein. Auch Kaffee kann körperreich sein.

Nach einem Schluck Wein oder Kaffee bleibt der Geschmack noch eine Weile im Mund. Er hält sich wohlig im hinteren Bereich der Zunge oder ist schnell wieder verschwunden. Bleibt er lange, spricht man bei beiden Getränken von einem »langen Abgang«. Um den Abgang richtig einschätzen zu können braucht es Erfahrung. Denn dazu muss man natürlich vergleichen, wie lange der Geschmack eines anderen Kaffees geblieben ist. Je länger der Abgang, desto hochwertiger ist das Produkt.

.158

Mehrere Geschmäcker nacheinander wahrzunehmen, empfinden wir als besonders reizvoll. Das kann bei einem harmonisch komponierten Essen passieren oder bei einem nuancenreichen Wein. Kaffee hat deswegen einen besonderen Reiz: Geruch und Geschmack lösen die Botschaften *süß* und *leicht bitter* kurz nacheinander im Gehirn aus. Die Süße empfinden wir an der Zungenspitze, sie erreicht uns etwas schneller. Eine knappe Sekunde nach ihr kommt die Information *fein-bitter* aus dem hinteren Bereich des Gaumens im Gehirn an.

Vor allem das Bittere sollte angenehm und dezent sein. Dann bereitet der Kaffee Vergnügen.

Qualität – die Kennzeichen

Als alleiniger Hinweis nützen Qualitätskennzeichnungen dem Endverbraucher wenig.

Sie unterscheiden sich von Land zu Land stark und sind auch unterschiedlich aus-

sagekräftig. Trotzdem ist es interessant zu wissen, was die Bezeichnungen auf der Packung

bedeuten. Zusammen mit anderen Hinweisen auf eine gehobene Qualität,

wie z.B. der Angabe des Herkunftslandes, können sie sehr aufschlussreich sein.

Einige Bezeichnungen lehnen sich an das französische Weinvokabular an. So ist mit »Cuvée« ein »Blend« gemeint und mit »Grand Cru« ein besonders guter Kaffee. Letztere Angabe ist allerdings keine Zertifizierung wie bei Wein, sondern zeigt den Stolz des Händlers oder Rösters auf einen ausgesprochen gelungenen Kaffee. Die Aussagekraft ist in diesem Fall also eine Sache des Vertrauens. Bekommt der Kaffee die Bezeichnung etwa von einem Röster der sein Handwerk versteht, kann sie ein guter Hinweis auf Hochwertigkeit sein.

Kaffee wächst besonders gut im Gebirge. Als »Hochlandkaffee« bezeichnet man Sorten, die in über 1.600 Meter Höhe angebaut wurden. Dadurch ist der Kaffee hochwertiger, denn in diesen Höhenlagen herrscht ein anderes Klima. Die Durchschnittstemperatur ist in der Höhe kühler, sodass die »Kaffeekirschen« langsamer reifen. So haben sie mehr Zeit, ihr Aroma zu entwickeln, bevor sie geerntet werden.

In vielen mittelamerikanischen Ländern wird die Höhenlage angegeben, um den Kaffee zu klassifizieren. Anbaugebiete über 1.200 Meter bringen die härtesten Kaffeebohnen hervor. So steckt hinter der Bezeichnung der Bohnenhärte oft die Höhenlage, wie z.B. in Costa Rica: »SHB (Strictly Hard Bean)« kennzeichnet dort äußerst harte Bohnen, die auf Gebirgshängen in über 1.200 Meter Höhe gewachsen sind. Etwa das gleiche meint »SHG (Strictly High Grown)« für Honduras. Hier sind die Bohnen auf 1.000 bis 1.500 Meter Höhe gewachsen.

In Kenia dagegen geben Kennzeichnungen wie »A«, »AA« oder »AB« die verschiedenen Siebgrößen an. Sie bezeichnen die Größe der Bohnen. Auch Angaben wie z.B. Scr. 19 (screen 19), beziehen sich auf die Siebgröße. Die Größe der Bohnen hat aber als alleiniges Merkmal kaum Aussagekraft für den Endverbraucher. Größere Bohnen schmecken nicht unbedingt besser, sondern die Größe muss zur Sorte passen.

Mehr noch als Anbauhöhe und Bohnengröße bestimmt die Herkunft des Kaffees seinen Geschmack, denn der Boden und das Klima eines jeden Landes bestimmen das Aroma entscheidend mit.

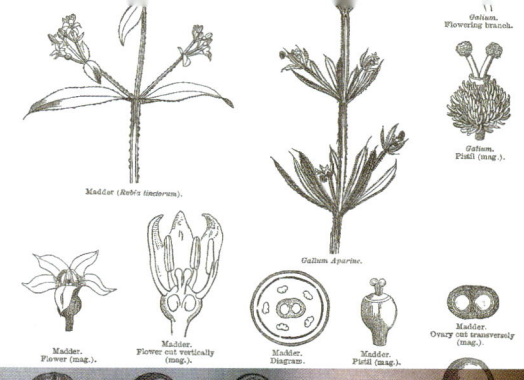

Madder (*Rubia tinctorum*).

Gallium.
Flowering branch.

Gallium.
Pistil (mag.).

Gallium Aparine.

Madder.
Flower (mag.).

Madder.
Flower cut vertically (mag.).

Madder.
Diagram.

Madder.
Pistil (mag.).

Madder.
Ovary cut transversely (mag.).

Coffee. Berry (mag.).

Coffee. Seed (mag.).
Dorsal face.

Coffee. Seed (mag.).
Ventral face.

Coffee. Transverse section of the seed (mag.).

Coffee. Seed.
Dorsal face cut to show the minute embryo at the base of the albumen (mag.).

DER GESCHMACK DES BODENS

»Die beste Methode, das Leben angenehm zu verbringen, ist, guten Kaffee zu trinken. Und wenn man keinen haben kann, so soll man versuchen, so heiter und gelassen zu sein, als hätte man guten Kaffee getrunken.«

JONATHAN SWIFT

Da Kaffee oberhalb und unterhalb des Äquators die geeigneten klimatischen Bedingungen findet, sind seine Anbaugebiete einmal rund um den Globus verteilt. Um persönliche Vorlieben herauszufinden, ist es wichtig zu wissen, welche Aromen für welches Anbauland charakteristisch sind. Das ist allerdings nicht so leicht, denn dazu müsste man nur sehr hochwertige sortenreine Kaffees miteinander vergleichen, wie man sie viel zu selten in der Tasse hat. Auch steckt der Wortschatz für die Beschreibung von Kaffee – ganz anders als für Wein – noch in den Kinderschuhen. Geschmacksprofile werden erst nach und nach konkreter und dringen nur langsam bis zum Endverbraucher vor. Viele Marketingbegriffe verwirren zusätzlich mehr als hilfreich zu sein. Dennoch gibt es einige Hinweise auf die Besonderheiten der Herkunftsländer und die Güte des Produkts. Als Faustregel gilt, genau wie bei Wein: Je genauer die Angaben, desto mehr Vertrauen erweckt das. »Delikat« und »Köstlich« sagt weniger aus, als die Angabe der Bohnensorte (z.B. »Bourbon«) oder des Herkunftslandes mit der genauen Region (z.B. »Ethiopia Sidamo«). Ist die Herkunft des Kaffees auf der Packung sogar bis zu einer konkreten Farm oder Anbaulage zurückzuverfolgen, spricht das ebenfalls für ihn.

Südamerika –
milde Ausgewogenheit

Brasilien

Rund die Hälfte des weltweit angebauten Kaffees stammt aus Südamerika. Darunter sind auch viele durchschnittliche Qualitäten, die sich nur für Mischungen eignen. Brasilien ist das weltweit größte Anbauland. Vier Millionen Kaffeebäume wachsen auf brasilianischem Boden. Ein Drittel des internationalen Kaffeemarktes bestreitet das Land allein.

Südamerikanischen Kaffees ist gemeinsam, dass sie in der Regel etwas neutraler und milder schmecken als Kaffees anderer Anbaugebiete. Ihr Aroma ist weniger ausgeprägt und sie sind recht säurearm. Manchen Verbrauchern sind die intensiven Geschmacksprofile, wie man sie z. B. bei afrikanischen Kaffees findet, zu extrem. Sie lieben brasilianischen Kaffee gerade aufgrund seines milden Aromas. Sorgfältig ausgebaute, sauber verarbeitete und elegant gemachte Brasilianer eignen sich hervorragend als Grundlage edler »Blends«. Wegen ihrer geringen Säure gibt es unter ihnen auch ausgezeichnete Espresso-Sorten.

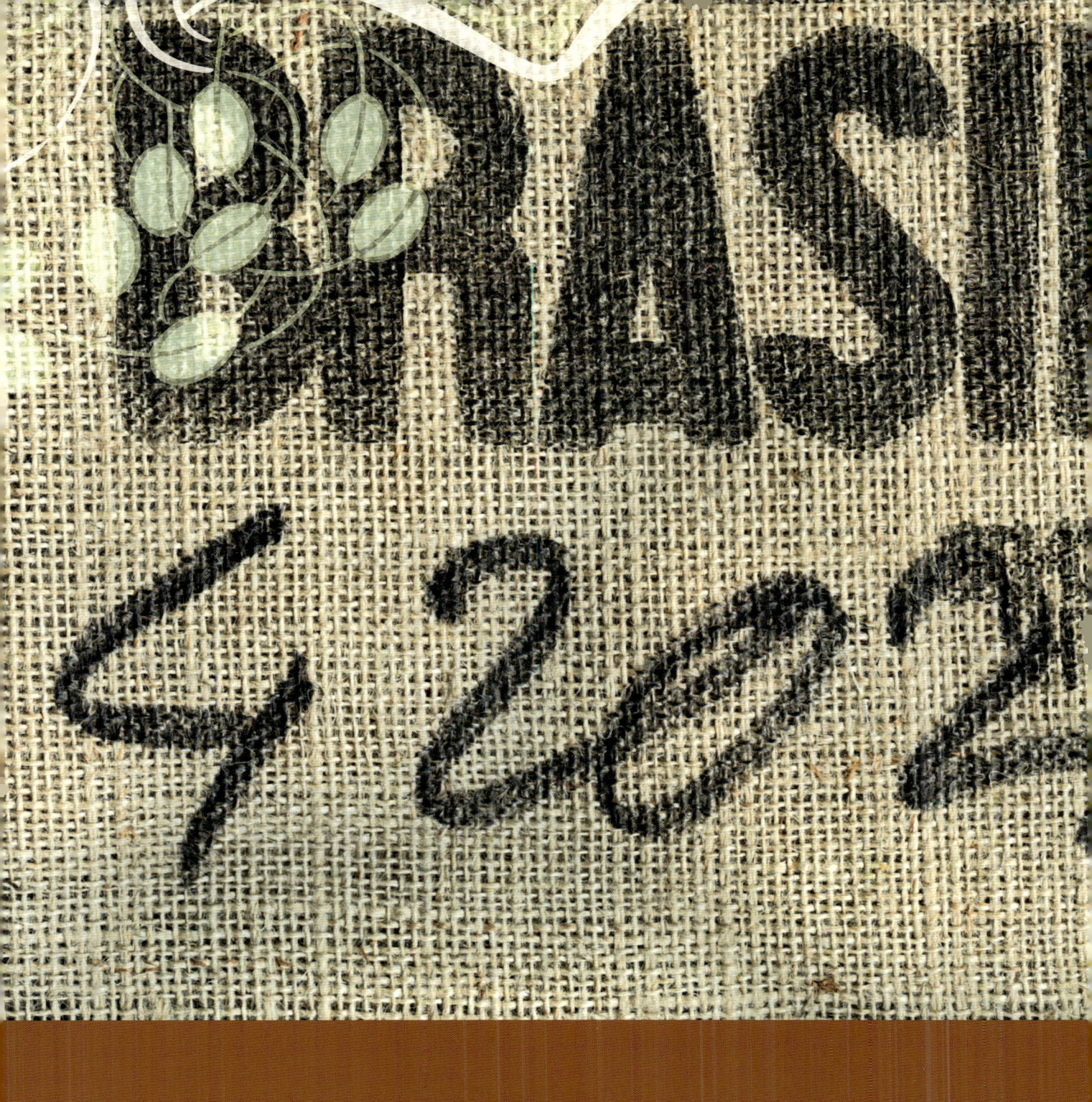

.158
.164
Brasilien ist weltweit der Hauptproduzent von »Arabica«, baut aber auch kleinere Mengen »Robusta« an. Brasilianische Robustas werden unter dem Namen Conillion verkauft. Gewaschene brasilianische Arabicas laufen bei industriell gefertigten Kaffees unter der Bezeichnung »Milds«. Die Angabe »Brazils« weist dagegen in erster Linie auf das Herkunftsland hin.

Von den 26 Staaten Brasiliens erzeugen 17 Kaffee. Aus vier Regionen kommen jedoch 98 Prozent des gesamten Ertrages: Paraná im Süden Brasiliens, das allein 50 Prozent der Gesamtproduktion bestreitet, São Paulo, Minas Gerais und Espírìto Santo. Ihre Namen findet man zum Teil auf Verpackungen wieder. Sehr gute brasilianische Kaffees kommen z. B. aus São Paulo. Dort wächst auch die Santos-Bohne, eine Variante des
.158
»Bourbon«, der zur Arabica-Sorte gehört. Sorgfältig verarbeiteter Santos-Kaffee schmeckt rund und ausgewogen. Sein Aroma ist weich und lieblich. Auch in dem südöstlich gelegenen Staat Minas Gerais, besonders in der Region Cerrada, werden gute Bourbon-Kaffees angebaut. Sie entwickeln dort ein mild-würziges Aroma.

.160
Die portugiesische Bezeichnung »Fazenda«, die auf manchen brasilianischen Qualitätskaffees zu finden ist, entspricht der spanischen »Hacienda« und bedeutet, dass der Kaffee von einer Farm kommt.

Die Ernte wird auf einem Sieb in die Luft geschleudert. So werden die Bohnen von Blättern und Ästen befreit.

Ecuador

Der Kaffeeanbau in Ecuador ist noch relativ jung. Erst 1952 wurden hier die ersten Plantagen angelegt. Inzwischen gehört das Land zu den wichtigsten südamerikanischen Erzeugern. Ecuador ist eines von wenigen südamerikanischen Ländern, in denen sowohl Arabica als auch Robusta kultiviert wird. Aus dem Hochland der Anden stammen die besten Arabicas. Sie werden größtenteils von Hand gepflückt.

Der Duft des ecuadorianischen Kaffees ist individuell und intensiv. Sein Geschmack erinnert durch deutliche Frucht und leichte Schärfe an Süßholz bzw. Lakritze. Die fein-bittere Note, sowie die feingliedrige Struktur der Säure machen ihn sehr lebendig. Kaffees aus Ecuador verfügen allerdings meist über wenig »Körper«. Man mischt sie daher gern mit fülligen, körperreichen Sorten.

Das »Tal der 100-jährigen«, nennt man das idyllische Hochtal im Südosten Ecuadors, in dem das kleine Dorf Vilcabamba liegt. Dieser 1.500 Meter hoch gelegene Ort, der für die Inkas heilig war, ist für die Langlebigkeit und Vitalität seiner Bewohner weltberühmt. Der Anteil der 100-jährigen liegt weit über dem Durchschnitt. Der älteste Einwohner soll 132 Jahre alt geworden sein. Eine mögliche Erklärung dafür kann das mineralhaltige Wasser der Flüsse und das ganzjährig milde Klima von 18 bis 22 °C sein. Von hier kommt ein exzellenter Kaffee von intensiver Fülle, der von den Familien angebaut wird und daher nur in geringen Mengen verfügbar ist. Er wird in den nahe gelegenen Bergflüssen gewaschen, in der Sonne getrocknet und von Hand verlesen: Der »Ecuador Vilcabamba« schmeckt frisch, leicht fruchtig und anhaltend weich.

Ecuador | Süßholz bzw. Lakritze

Galapagosinseln

Kaffee von den Galapagosinseln ist eine echte Rarität. Denn natürlich sind die Inseln als Nationalpark an strenge Auflagen gebunden und können ihre Plantagen nicht vergrößern. Aus dem zentralen Gebirge von San Cristóbal, einer der größten Inseln des Archipels, kommt der hervorragende Bourbon-Kaffee. Er wächst auf vulkanischem Boden im idealen Pazifikklima auf feuchten mineralreichen Böden. Sie werden von frischem Quellwasser natürlich bewässert, das von einer hoch gelegenen Lagune stammt. Der Einsatz von Chemikalien ist im Nationalpark streng verboten, so dass Galapagos-Kaffee ganz von selbst ein Bio-Kaffee ist.

Er hat eine feingliedrige Säure und einen unvergleichlichen Nuancenreichtum, der von Nuss bis Edelschokolade die schönsten Aromen zu bieten hat. Besonders schwärmerisch äußern sich Fachleute über das elegante, samtig-weiche Mundgefühl des Galapagos-Kaffees.

Kolumbien

.158 Kolumbien ist für seine hochwertigen gewaschenen »Arabicas« bekannt. Es bringt durch seine nährstoffreichen Lavaböden sehr gute Bedingungen für den Kaffeeanbau mit. Der »Tinto«, wie die Kolumbianer den Kaffee nennen, wird fast ausschließlich von Kleinbauern angebaut. Alle wichtigen Produktionsschritte, von der Ernte bis zum Waschen und Trock-
.164 nen des »Rohkaffees«, bleiben damit in einer Hand. Das Kennzeichen der Kaffeebauern ist ein Bauer, der frisch geerntete Kaffeekirschen auf dem Packesel transportiert.

Der wundervolle Andenkaffee ist reich an Aromen und hat eine feine, stimmige Säure. Er schmeckt weich und leicht süßlich nach Nüssen. Zu den besten kolumbianischen Kaffees gehört der Medellín, der nach der Hauptstadt des Staates Antioquia im
.163 *Norden Kolumbiens benannt ist. Dort wird auch »Maragogype« angebaut, eine Variante des Arabica. Die sanften großen Bohnen haben, in Kolumbien angebaut, oft Aromen von Lakritze und Haselnuss. Wirtschaftlich bedeutend sind auch der Armenia-Kaffee aus dem Westen des Landes oder der Manizales aus der Region Caldas. Aus der Provinz Nariño im Südwesten Kolumbiens kommt ein ausgewogener Kaffee mit Walnuss-, Pekannuss- und Karamellnoten.*

Peru

Arabicas aus Peru zeichnen sich durch eine angenehme Süße und feine Säure aus.

In teilweise nur schwer zugänglichen Waldgebieten, im Schatten von bis zu 2.000 Meter hohen Berghängen, wachsen 98 Prozent des Kaffees. Die instabile politische Lage des Landes verhindert eine Umstrukturierung der Anbauflächen. Der Transport wird durch die unzureichende Infrastruktur erschwert. Darum wachsen die Bäume so, wie es ihnen die Natur vorgibt und werden fast ausschließlich von kleinen Familienbetrieben geerntet – für die Kaffeequalität ist das ein Vorteil. Sehr gute Qualitäten kommen aus Cusco, Norte und Puno.

Ein besonderer Genuss ist der »Peru Yanesha«. Der gleichnamige Stamm lebt im Einklang mit der Natur in kleinen Fincas. Die Bauern produzieren einen hocharomatischen Kaffee. Die Kaffeekirschen werden noch auf den Farmen vom Fruchtfleisch befreit und in der Sonne getrocknet.

Venezuela

Kaffee aus Venezuela ist begehrt. Er ist besonders fein, leicht, säurearm und auch sortenrein ein Genuss.

Ein Großteil der Produktion wird in die USA exportiert. Früher war das Land eine Konkurrenz für Kolumbien. Mit der Entdeckung von Erdöl verlor der venezolanische Kaffeeanbau jedoch an Bedeutung. Die Hafenstädte, in denen der Kaffee einst verladen wurde, sind aber noch immer Namensgeber für einige wichtige Sorten. Zu den sehr guten gehören »Maracaibo« und »Caracas«, der nach der am Meer gelegenen Hauptstadt Venezuelas benannt ist.

Die aromatische Struktur des Caracas-Kaffees erinnert an Wein. Ausgezeichneten Maracaibo-Kaffee produzieren die Anbauregionen Táchira, im Südwesten des Landes, und Mérida, das im Nordwesten liegt.

Guatemala | Kakao, Schokolade, Gewürze, Nüsse

Mittelamerika —
vulkanischer Charakter

Costa Rica

Der Kaffeeanbau spielt auch in Mittelamerika traditionell eine wichtige Rolle. Auf jeden der 3,7 Mio. Einwohner kommen fast 100 Kaffeebäume. Als Anbauland deckt Costa Rica allein dennoch nur 15 Prozent des weltweiten Bedarfs. Es werden sowohl beste Qualitäten im Landesinneren als auch minderwertige Kaffees produziert. Angebaut wird ausschließlich »Arabica«, denn die Kultivierung von »Robusta« ist verboten. Das ideale Klima, strenge Wasserverordnungen und Umweltschutzmaßnahmen sorgen in Costa Rica für Spitzenqualitäten.

.158
.164

Der costaricanische »Tarrazú«, der im Süden von San José an den gleichnamigen Bergen wächst, gilt als einer der besten Kaffees der Welt. Die Plantagen liegen 1.200 bis 2.000 Meter über dem Meeresspiegel.

Das rassige, volle Aroma der vulkanischen Erde verfolgt ihn bis in die Tasse. Es kündigt sich durch einen herrlichen Duft an. Die Säure des Tarrazú ist dynamisch und ausgeprägt, aber nicht dominant. Überzeugend ist auch der weiche Abgang.

El Salvador

Ausgewogen, mild-aromatisch, von feiner Säure und rein im Geschmack sind die Arabicas aus El Salvador.

Ihr Charakter wird von der Höhenlage bestimmt. »Strictly High Grown« (SHG) bezeichnet große blaugrüne Bohnen mit vollem weichem Geschmack, die in über 1.500 Meter Höhe angebaut worden sind. Neben einfachen Sorten kommen aus El Salvador hochwertige Bio-Kaffees, darunter Arabicas von sehr schöner Fülle.

Ein besonders guter Kaffee wird aus der »Pacamara-Bohne« gemacht, einer Kreuzung zwischen »Pacas« und »Maragogype«. Die mild-würzige Sorte findet auf Plantagen in der Nähe von Santa Ana ideale Bedingungen. Sie überzeugt auch durch einen kraftvollen, aber nicht zu schweren »Körper«.

.163

.163

Guatemala 🍃

Er duftet nach warmer Erde und Kakao, schmeckt weich und
vollmundig nach Karamell, milden Gewürzen, Nüssen und
.158 *Schokolade. Im »Abgang« überraschen leichte Fruchtsäuren, die*
an grüne Äpfel erinnern.

.162 »Guatemala Antigua« ist ein komplexer Kaffee von großer
Tiefe. Er gedeiht im Süden Guatemalas, wo die fruchtbaren
Berghänge der Sierra Madre ideale Voraussetzungen bieten.
Die Kolonialstadt Antigua im Hochland Guatemalas hat ihm
seinen Namen gegeben. Sie liegt außergewöhnlich schön,
zwischen drei mächtigen Vulkanen. Der vulkanische Boden
bestimmt auch den Geschmack dieses prächtigen Kaffees.

Während des Röstens entwickelt er sich unterschiedlich. Eine
kurze Röstdauer bringt seine Zitrusnoten hervor. Röstet man
ihn etwas länger, ist sein Aroma nussig-schokoladig. In den
meisten Fällen jedoch schmeckt ein Guatemala Antigua mindes-
tens sauber, weich, süß und spritzig.

Kaffees aus Guatemala sind vielseitig im Geschmack. Die
Plantagen befinden sich größtenteils im Süden des Landes.
Interessante Arabicas kommen z. B. aus dem Distrikt Coban.
Sie bestechen durch Vollmundigkeit und ihre feine Säure-
struktur.

Honduras 🍃

Honduras hat eine noch junge Anbautradition. Ein Großteil
der Ernte wird nach Deutschland und in die USA exportiert.
Honduras profitiert von der Erfahrung des Nachbarlandes El
Salvador. Die klimatischen Bedingungen und die Höhenlage
sind vergleichbar. So erinnern die mild-aromatischen, gewaschenen Arabicas aus Honduras auch geschmacklich an Kaffee aus El Salvador.

Besonders weich schmeckt der »Honduras Lenca«. Er hat einen
kräftigen Körper und langen Abgang. Sein Aroma ist leicht süß-
lich, mit Anklängen von Tabak und dezenten Gewürzen.

Mexiko

Arabica aus Mexiko ist feinwürzig, ausgewogen und eignet sich sehr gut als Grundlage für »Blends«. Besonders im warmen Süden des Landes gedeiht der mexikanische Kaffee. Aus der Region Chiapas kommen einige der besten Sorten. Darunter auch solche aus der »Maragogype-Bohne«, die hier besonders schöne Ergebnisse bringt.

.158

Der Kaffee aus den Riesenbohnen schmeckt auffallend weich und duftet betörend.

Auf der Atlantikseite von Chiapas, in den Regionen Jaltenango und Villa Corzo, bauen hauptsächlich Kleinbauern Arabica der Sorten »Tipica« und »Bourbon« an. Er wird per Hand »entpulpt«, gewaschen und sonnengetrocknet. Mexiko ist in den letzten Jahren auch zu einem wichtigen Anbieter von ökologisch produzierten Kaffees geworden.

.165

.160 .158

Karibik und Hawaii –
der Inselkaffee

Dominikanische Republik

Der Inselstaat erzeugt überwiegend gewaschene Arabicas in hoher Qualität. Sie sind von angenehmer Süße und runder Fülle. Kaffee aus der Dominikanischen Republik wird hauptsächlich in die USA exportiert.

Sehr gute Anbaugebiete liegen im Südwesten, nahe der Stadt Barahona. Auch bei Bani und Santo Domingo gedeihen gute Kaffees. Sie gelten als mild, vollmundig und verfügen über eine feine Fruchtsäure.

Haiti

Aus dem Staat Haiti, dem Nachbarn der Dominikanischen Republik, kommt ein recht angenehmer Kaffee. Er hat eine ausgeprägte Säure, schmeckt aber dennoch weich, harmonisch und ausdrucksstark. Sein Körper ist kräftig.

Eher notgedrungen stammen viele Kaffees aus Haiti aus organischem Anbau. Der Grund dafür ist, dass sich die Kaffeebauern, die ihn anpflanzen, in den meisten Fällen keine Kunstdünger und Spritzmittel leisten können.

Jamaika

Der »Jamaica Blue Mountain« ist ein Kultkaffee, der zu den teuersten der Welt gehört. Im britischen Königshaus wird er getrunken und James Bond bestellt ihn in den Romanen von Ian Flemings. Er wächst in den nebelverhangenen Blue Mountains auf Jamaika in hohen Lagen von 600 bis 2.000 Metern. Das feuchte Mikroklima und der nährstoffreiche Boden sorgen für ideale Bedingungen. .162

Ins Schwärmen geraten Kaffeetrinker wegen der perfekten Balance zwischen Körper und Säure. Das volle Aroma entwickelt sich beim Trinken nuancenreich und erinnert an Blumen, Früchte und Nüsse. Überzeugend ist auch der besonders lange Abgang. Der Jamaica Blue Mountain kommt fast ausschließlich von kleinen Plantagen. Seine Qualität wird vom »Coffee Industry Board of Jamaica« streng kontrolliert.

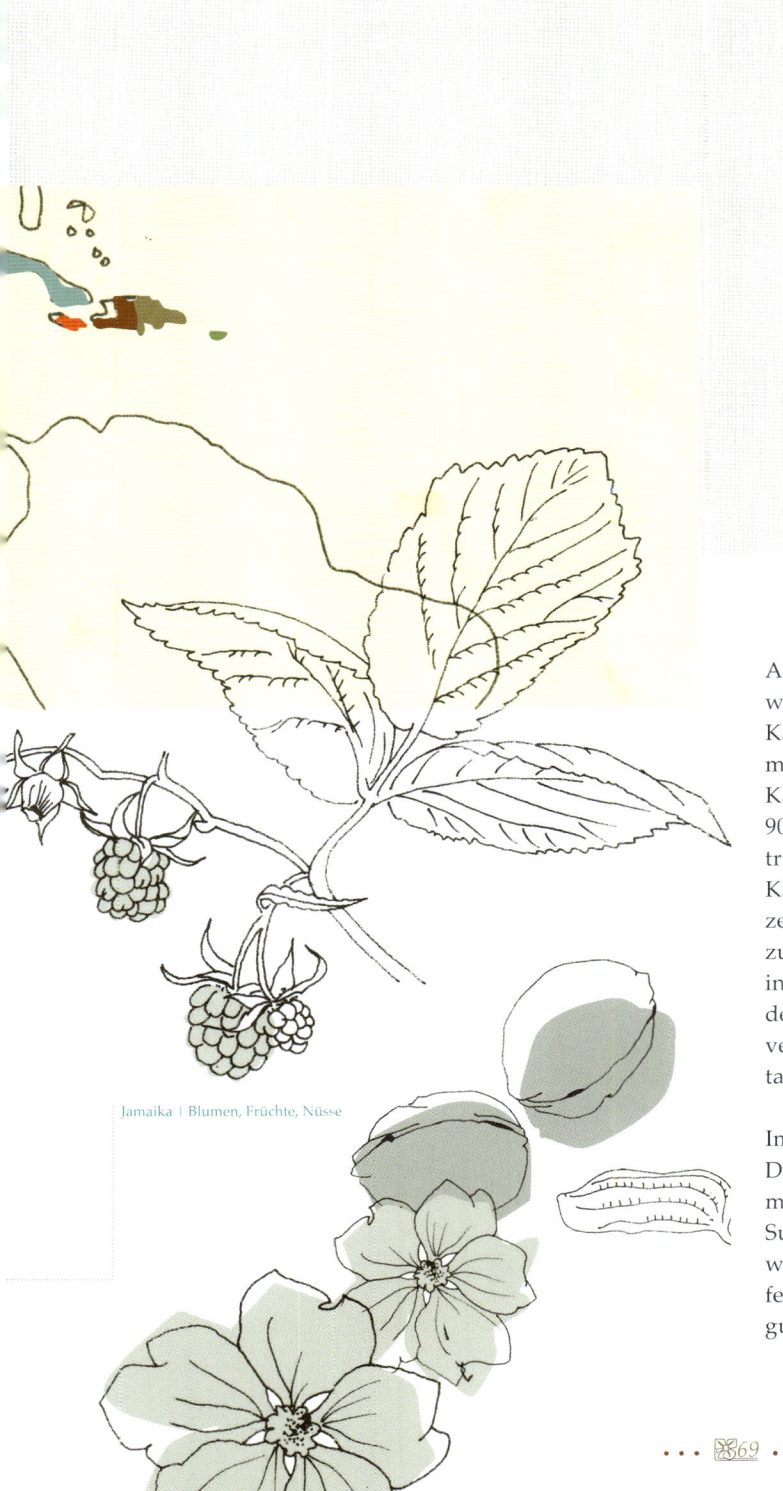

Jamaika | Blumen, Früchte, Nüsse

Anders als andere Kaffees wird er in Holzfässern verschifft, wie Wein. Die Nachfrage nach dem Champagner unter den Kaffees ist derart groß, dass ein Großteil exportiert werden muss. Die Jamaikaner decken ihren eigenen Bedarf indem sie Kaffee von den Nachbarinseln kaufen, z. B. aus Haiti. Rund 90 Prozent der Ernte geht nach Japan, wo passionierte Kaffeetrinker bis zu 15 Euro für eine Tasse des exklusiven Karibik-Kaffees zahlen. Natürlich ist Jamaica Blue Mountain ein Spitzenprodukt. Dennoch hat sein Ruf, der beste Kaffee der Welt zu sein, eine solche Eigendynamik entwickelt, dass der Preis in keinem Verhältnis mehr zum Genusswert steht. Es gibt andere ähnlich herausragende Spezialitätenkaffees aus vielen verschiedenen Anbaugebieten der Welt – Jamaica Blue Mountain ist »nur« einer der Besten.

Im Westen Jamaikas werden auch andere Sorten angebaut. Denn nur 25 Prozent des auf der Insel erzeugten Kaffees stammen von der Gebirgskette Blue Mountain. »High Mountain Supreme« oder »Prime Jamaica Washed« können eine preiswerte Alternative sein. Das Gleiche gilt für hochwertige Kaffees aus Kuba oder Hawaii, wo ähnliche klimatische Bedingungen und Bodenverhältnisse herrschen.

Kuba

Auf der Halbinsel Kuba wird Arabica in geringer Höhenlage auf 350 bis 500 Metern angebaut. Dadurch haben kubanische Kaffees ein weniger stark ausgeprägtes Aroma, sind aber dafür angenehm mild und außerdem säureärmer als Kaffee vom mittelamerikanischen Festland.

Eine der besten Sorten ist Turquino. Er hat einen vollen Körper mit leicht rauchigen Noten – ein perfekter Kaffee zu feinen kubanischen Zigarren.

Puerto Rico

Die meist sorgfältig kultivierten Gourmet-Kaffees aus Puerto Rico werden zum größten Teil in die USA, nach Frankreich und Japan exportiert. Zu den Kaffees der Weltklasse gehört der »Yauco Selecto« – wobei »selecto« für ausgewählt steht. Die Anbaugebiete liegen im Südwesten der Insel, wo die Kultivierung unterschiedlicher Nutzpflanzen auf derselben Plantage für einen besonders nährstoffreichen Boden sorgt. Die reifen Kaffeekirschen werden auf den Farmen in mehreren Arbeitsgängen von Hand gepflückt.

Der Spitzenkaffee betört durch seine schöne Fülle und intensive Fruchtigkeit. Zu den feinsten unter den Puertoricanern gehört auch der Grand Lares, der weiter im Landesinneren wächst.

Hawaii

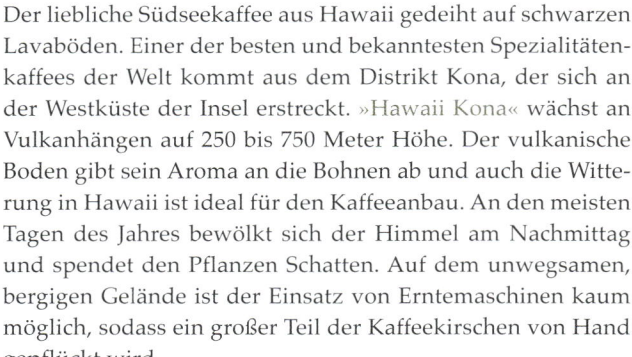

Der liebliche Südseekaffee aus Hawaii gedeiht auf schwarzen Lavaböden. Einer der besten und bekanntesten Spezialitätenkaffees der Welt kommt aus dem Distrikt Kona, der sich an der Westküste der Insel erstreckt. »Hawaii Kona« wächst an Vulkanhängen auf 250 bis 750 Meter Höhe. Der vulkanische Boden gibt sein Aroma an die Bohnen ab und auch die Witterung in Hawaii ist ideal für den Kaffeeanbau. An den meisten Tagen des Jahres bewölkt sich der Himmel am Nachmittag und spendet den Pflanzen Schatten. Auf dem unwegsamen, bergigen Gelände ist der Einsatz von Erntemaschinen kaum möglich, sodass ein großer Teil der Kaffeekirschen von Hand gepflückt wird.

»Hawaii Kona« begeistert durch seinen gehaltvollen Körper, leichte Säure und sein lebendiges Aroma, das süß-nussig, lieblich und fruchtig ist. Die Anbaufläche ist beschränkt, sodass es sehr schwierig ist, einen echten »Hawaii Kona« zu bekommen. Einige Kaffees, die als Kona vermarktet werden, enthalten weniger als fünf Prozent »Hawaii Kona«.

Afrika und Arabien –
intensive Vielfalt

Äthiopien

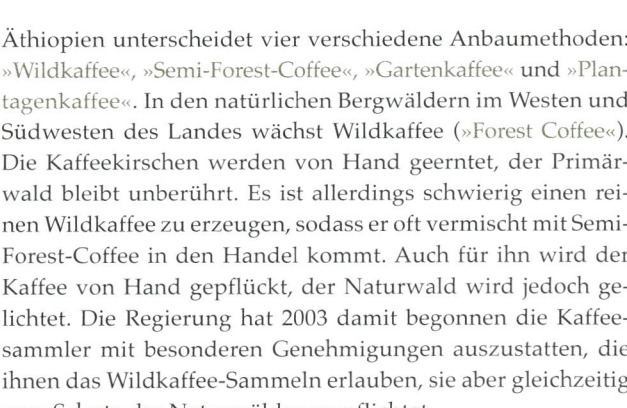

Afrika ist der Heimatkontinent des Kaffees. Besonders in Äthiopien und Kenia entwickelt Kaffee eine besonders überraschende, intensive Aromenfülle und schenkt Fans einige der bekanntesten Sorten. Äthiopien ist das Ursprungsland der Pflanze. Der äthiopische Kaffee schmeckt so authentisch, dass man ihm einfach abnimmt zu Hause zu sein. In seiner ursprünglichen wilden Form kommt er nur noch hier vor. Durch den Regen im Hochland, die fruchtbaren Vulkanböden, die Pflanzenvielfalt und gemäßigte Temperaturen findet er genau die richtigen Bedingungen und wächst in extremen Höhen auf 550 bis 2.750 Meter. Die wichtigsten Anbaugebiete liegen im Durchschnitt 1.300 bis 1.800 Meter hoch. Da kaum chemische Mittel eingesetzt werden, zählt äthiopischer Kaffee zu den reinsten der Welt.

Mehrmals täglich wird in den Haushalten die äthiopische Kaffeezeremonie abgehalten, die ausschließlich von Frauen zelebriert wird. Sie rösten die Bohnen auf Blechpfannen über glühender Holzkohle und zerstampfen sie im Kaffeemörser. Dazu wird Weihrauch verbrannt. Zum Kaffeetrinken kommt dann wieder die ganze Familie, samt Freunden und Nachbarn, zusammen.

Äthiopien unterscheidet vier verschiedene Anbaumethoden: »Wildkaffee«, »Semi-Forest-Coffee«, »Gartenkaffee« und »Plantagenkaffee«. In den natürlichen Bergwäldern im Westen und Südwesten des Landes wächst Wildkaffee (»Forest Coffee«). Die Kaffeekirschen werden von Hand geerntet, der Primärwald bleibt unberührt. Es ist allerdings schwierig einen reinen Wildkaffee zu erzeugen, sodass er oft vermischt mit Semi-Forest-Coffee in den Handel kommt. Auch für ihn wird der Kaffee von Hand gepflückt, der Naturwald wird jedoch gelichtet. Die Regierung hat 2003 damit begonnen die Kaffeesammler mit besonderen Genehmigungen auszustatten, die ihnen das Wildkaffee-Sammeln erlauben, sie aber gleichzeitig zum Schutz der Naturwälder verpflichtet.

Als Gartenkaffee klassifizierter Kaffee stammt von kleinen Plantagen, die die ansässigen Bauern direkt um ihre Häuser herum anlegen. Die Bäume stehen dabei in Mischkultur mit anderen Nutzpflanzen. Plantagenkaffees wiederum wachsen, wie in anderen Gebieten der Welt, in staatlich oder privat geführten Plantagen. Sie unterliegen in Äthiopien einem strengen Qualitätsmanagement. Die Arabicas werden gewaschen und sonnengetrocknet exportiert und ihre Qualitäten mit den Graden eins bis fünf bewertet; wobei sowohl das Aussehen des Rohkaffees, als auch der Geschmack der gerösteten Bohnen in die Bewertung einfließen.

.165
.165
.162
.164

Plantage in Äthiopien

Benannt ist der Sidamo nach der gleichnamigen ehemaligen Provinz im Süden des Landes. Der Gartenkaffee wächst in Höhenlagen von 1.400 bis 2.200 Metern. Blumig und würzig schmeckt dagegen der »Yirga Cheffe«. Der weiche Spitzerkaffee mit mittlerem Körper und vorzüglicher Säure wächst als Gartenkaffee auf 1.500 bis 2.200 Meter Höhe.

Auch aus Limu im Südwesten des Landes kommt ein ausgezeichneter Kaffee, dessen Charakter als »weinig« beschrieben wird. Lekempti aus dem westlichen Äthiopien ist dagegen besonders fruchtig – ein Effekt der durch eine leichte Überreife der Früchte entsteht, die gewollt ist. Er wächst auf 1.500 bis 2.100 Meter Höhe.

Allen für den Export bestimmten Kaffees wird vom staatlichen Verkostungszentrum ein Charakter zugewiesen. Dabei sind die Grenzen der Anbaugebiete nicht immer identisch mit den Geschmacksgrenzen, die letztendlich über die Bezeichnung entscheiden. Weniger charakteristische Sorten werden also anderen Charakteren zugewiesen.

Weltweit gefragt ist auch »Harar«. Sein wichtigstes Anbaugebiet ist das Chercher Hochland im Osten Äthiopiens. Die begehrteste Sorte ist der Longberry Harar, der als der echte »Mokka« gilt.

163

Zu den Charakter-Kaffees gehört z. B. der bekannte Ethiopia Sidamo. Er ist von einer betörenden, erdigen Fülle. Durch die ausgeglichene Säure und die süßlichen Aromen nimmt er den Genießer für sich ein. Sein Geschmack erinnert an Haselnüsse, Walnüsse und dunkle Schokolade.

Sein gehaltvoller Körper ist rund und weich in der Tasse. Die typischen Mokka-Aromen sind würzig, kräftig und erinnern an Honig. Hinzu kommt eine angenehme Säure mit Anklängen von schwarzer Johannisbeere.

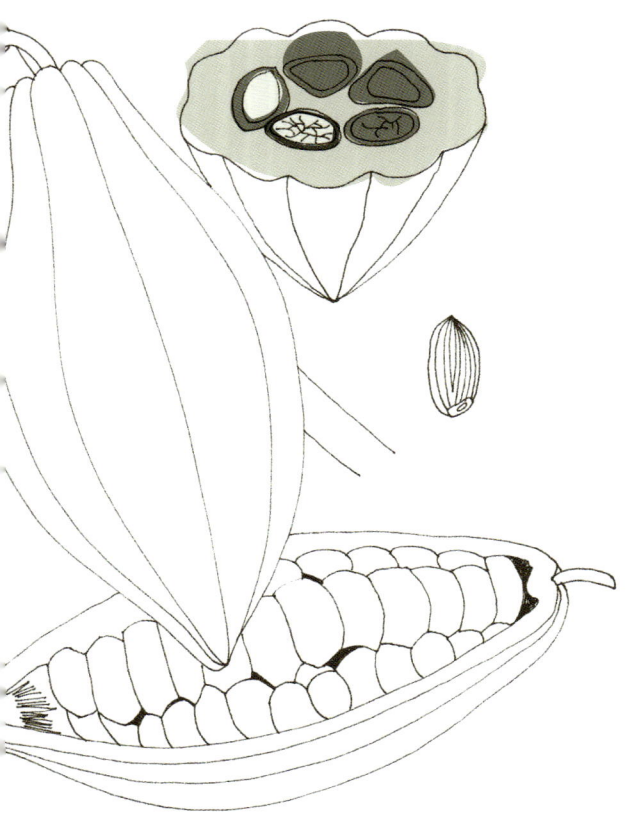

Jemen | Dunkle Schokolade

Gartenkaffee mit
Schattenbäumen

Burundi

Das winzige Land produziert vorwiegend gewaschene Arabicas von guter Qualität. In Ngozi werden die Kaffeepflanzen auf Höhenlagen von über 1.200 Metern kultiviert.

Der Kaffee hat einen vollen Körper, eine ausgeprägte Säure und wird überwiegend für Mischungen verwendet.

Jemen

Vor rund 400 Jahren gelangte der erste Kaffee aus der jemenitischen Hafenstadt Mocha nach Europa. Der Name »Mokka« wurde zum Synonym für das neue Getränk und die arabische Art der Zubereitung. Aber auch eine Variante der Bohnensorte Arabica heißt Mokka. Durch ihr kleines, rundliches Aussehen erinnern die Mokkabohnen an »Perlbohnen«. Die feinsten von ihnen sind mit äthiopischem Harar vergleichbar. Der Jemen ist das einzige arabische Land, das Kaffee exportiert. Besonders aus Mattari kommen ausgezeichnete Arabicas, die über einen vollen, üppigen Körper verfügen und reich an Fruchtsäure sind.

Die eleganten Bitternoten erinnern an dunkle Schokolade und haben im Abgang eine exotische Schärfe. Selbst feinste Kaffees wie Mokka Extra werden traditionell trocken aufbereitet.

.163

.164

Qualitätskontrollen der Regierung bei Anbau, Produktion und Vermarktung sind streng. So ist es z.B. verboten die Bäume zu beschädigen. Die »Coffee Board of Kenya (CBK)« testet und bewertet den Kaffee vor dem Export. Bei der Kaffeeauktion in Nairobi werden sie versteigert.

Ruanda

Das kleine Land in Äquatornähe erzeugt einen weichen, milden Kaffee von guter Qualität. Er hat einen vollen Körper, aber wenig Säure. Dadurch wirkt er rund, aber etwas unspezifisch. Die leicht »grasige« Note ist auf das stark wechselnde, feucht-tropische Klima des Anbaugebiets zurückzuführen.

Ein Spezialitätenkaffee aus der Provinz Cyangugu in Ruanda ist der Gorilla Mountain Rwanda. Auf 1.400 bis 1.900 Meter Höhe wächst er am Ufer des Hochlands Lake Kivu. Die Vulkane dieser Bergkette sind zum Teil noch aktiv. Seinen Namen verdankt der Arabica seinem imposanten Mitbewohner: Der Ort ist auch der letzte natürliche Lebensraum der Berggorillas.

Tansania

Kaffee aus Tansania ähnelt kenianischem, hat aber weniger Säure als der Arabica aus dem Nachbarland. Das Land erzeugt viele Perlbohnen, die geschmacksintensiver als die regulären Bohnen sind. Der Kaffee wird inzwischen zu über 85 Prozent von Kleinbauern kultiviert, die sich in Kooperativen zusammengeschlossen haben.

Die beste Sorte Tansanias kommt aus der Region Moshi am Kilimandscharo und wird als Chagga AA verkauft. Er duftet herrlich und hat eine edle Fülle.

Kenia

Kaffee aus Kenia ist bekannt für seinen überraschenden Nuancenreichtum und seine ausgeprägte Säure. Der süße Duft von weißen Blüten und Aromen von roter Grapefruit, Zitrone oder Orange sind hier ohne weiteres inmitten würziger Vollrundigkeit zu finden. Säure und Körper stehen in einem wunderbar ausgewogenen Verhältnis.

Fast jeder Kaffeekenner zählt kenianischen Kaffee zu seinen Lieblingssorten. Die Arabicas wachsen auf 1.500 bis 2.100 Meter Höhe. Da nur die reifen Kaffeekirschen gepflückt werden, muss manchmal bis zu siebenmal im Jahr geerntet werden. Die Bohnen werden gewaschen und gehen mit der schützenden Pergamenthülle als »Pergaminos« auf Weltreise. Die

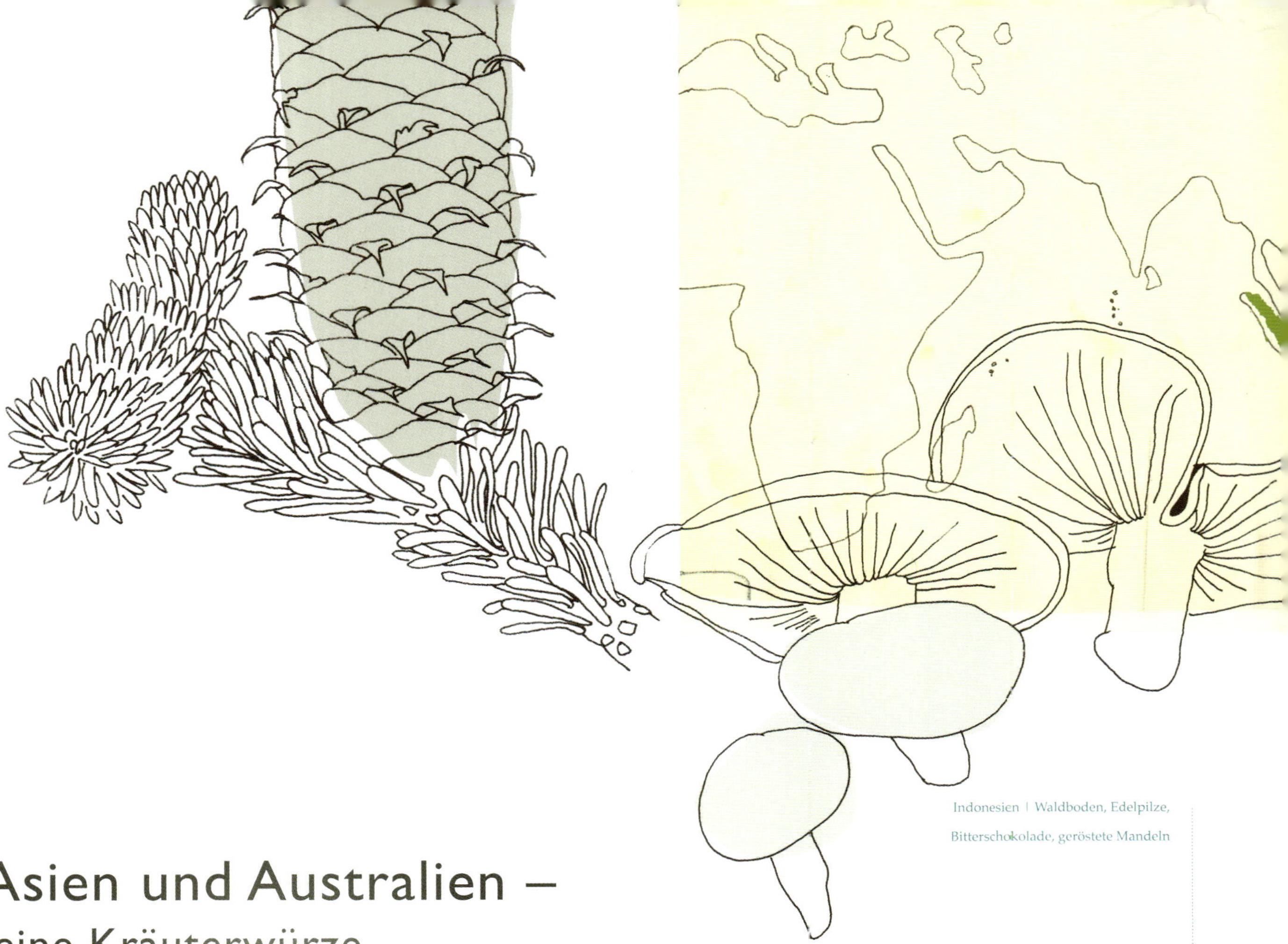

Indonesien | Waldboden, Edelpilze, Bitterschokolade, geröstete Mandeln

Asien und Australien –
feine Kräuterwürze

Indonesien

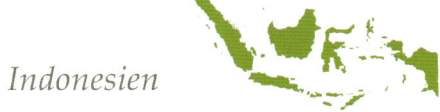

Aus der Republik Indonesien im Indischen Ozean kommen Kaffees von beeindruckender Tiefe, die durch edle Fülle und würzige Kräuternoten überzeugen. Die wichtigsten Kaffeeproduzenten des Inselstaates sind Java, Sumatra, Sulawesi und Timor. Die indonesischen Inseln sind Hauptexporteur für Robusta. Die Bohne macht 90 Prozent der Ernte aus. Daneben gibt es auch einige erstklassige Arabicas, z. B. aus Sumatra.

Sumatra Mandheling ist von einer herausragenden Körperfülle. Er verfügt über eine lebendige Säure und nussig-süße Aromen. Auch Sumatra Lintong hat ein wunderbares Aromenspektrum, das an feuchten Waldboden, Edelpilze, Bitterschokolade und geröstete Mandeln erinnert. Beide Sorten erkennt man als Rohkaffee an ihrer schönen jadegrünen Farbe. Eigentümlich ist auch die Aufbereitung des Kaffees aus Lintong: Das Fruchtfleisch der von Hand gepflückten Kaffeekirschen wird manuell mit Sand von der Bohne abgerieben. Danach werden sie in der Sonne getrocknet.

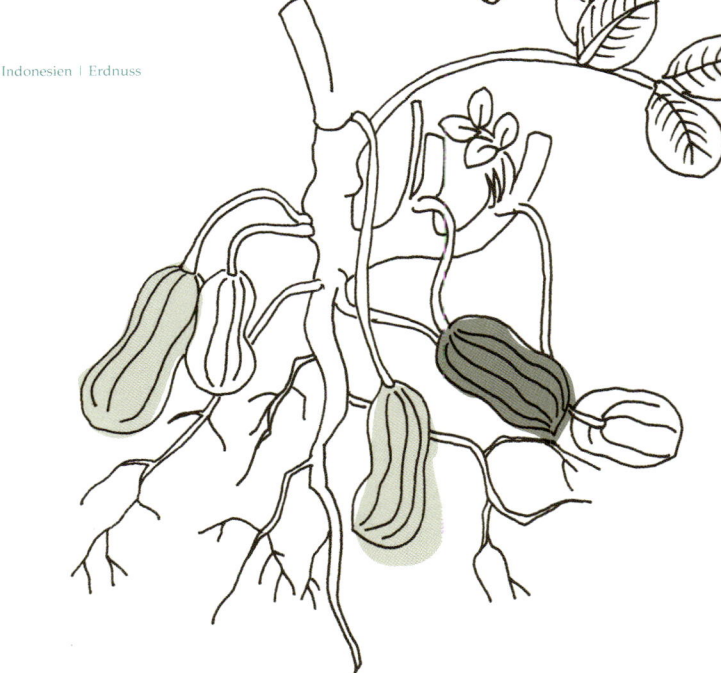

Aromatischer, langsam gereifter Arabica kommt aus Java, einer der vier Hauptinseln Indonesiens.

Er ist von üppiger Fülle und hat eine feine Säure, die betonter ist als bei Kaffees aus Sumatra. Da er leicht süßlich schmeckt, wird er gern mit dem herberen Mokka aus Jemen gemischt. Zu den besten Plantagen gehört neben Jambit, Kayumas und Pankur auch Blawan. Java Blawan ist weich, kraftvoll-füllig und hat ein intensives Erdnuss-Aroma.

Eher eine Kuriosität ist der »Kopi Luwak« – eigentlich ein einfacher Arabica von der Insel Java. Besonders macht ihn vor allem die Art der Aufbereitung. Die Kaffeekirschen werden von heimischen Schleichkatzen (Luwak-Katzen) gefressen, die die Bohnen wieder ausscheiden. Dadurch wird der Kaffee sozusagen natürlich »fermentiert«. Inwieweit sich das auf den Geschmack auswirkt ist umstritten. Während manche Experten den Kaffee als besonders füllig und sirupartig beschreiben, halten ihn andere für unspektakulär. Auf jeden Fall ist sein Preis hoch, weil er rar ist. Gerade einmal 200 Kilo werden jährlich verkauft.

.160

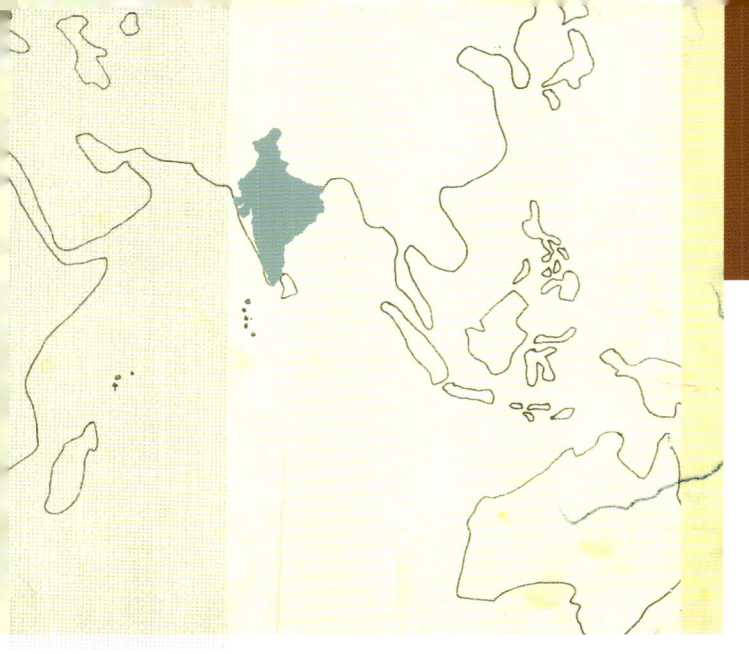

Indien

Die Inselgruppe Sulawesi bringt einige vollmundige, hocharomatische Spitzenkaffees hervor. Eine der bekanntesten Sorten ist der »Celebes Kalossi« aus dem im Süden gelegenen Kalossi. Eine faszinierende Rarität ist auch Sulawesi Toraja. Familien des Toraja-Stammes ernten den Kaffee in ihren Gärten.

Vor allem viele Röster sind begeistert von dem kräftig-herben, leicht rauchigen Aroma, das an Bitterschokolade erinnert.

Die handgepflückten Kaffeekirschen werden nach der Ernte in Holzfässer gefüllt und mit Quellwasser bedeckt. Das Fruchtfleisch wird durch Stampfen mit einem Stößel entfernt. Die Bohnen werden gewaschen und anschließend in der Tropensonne getrocknet. Um den Kaffee aus der Pergamentschale per Hand zu lösen, kommen die Toraja zusammen und wählen dabei noch einmal nur die fehlerlosen Bohnen aus. Die Wertschätzung gegenüber den jadefarbenen Bohnen wird auch in der besonderen Verpackung deutlich: Der Rohkaffee geht in kleinen Holzfässern auf Reise, die handgearbeitet und mit kunstvollen Schnitzarbeiten verziert werden. Traditionelle Muster und Lebensweisheiten sind auf den mit Naturfarben bemalten Fässern dargestellt. Jedes der Behältnisse ist ein Unikat.

Manche Spezialitäten entstehen durch Zufall und sind dann so überzeugend, dass man dabei bleibt. Das ist z. B. beim Madeira-Wein so, der früher durch den langen Schiffstransport in den Fässern erwärmt wurde und dadurch sein besonderes Aroma entwickelte. Oder bei einer indischen Kaffeespezialität: dem Monsun-Kaffee. Früher dauerte die Überfahrt mit dem Segelschiff nach Europa mehrere Monate. Der indische Rohkaffee war während der Reise auf dem Meer einer hohen Luftfeuchtigkeit ausgesetzt, wodurch sich sein Geschmack und seine Farbe veränderten. Die europäischen Kunden waren an dieses Aroma gewöhnt und regelrecht enttäuscht, als der Effekt ausblieb, weil die Dampfschifffahrt eine schnellere Lieferung ermöglichte. So wurde in Indien ein einzigartiges Aufbereitungsverfahren entwickelt: das »Monsooning«. Nach der Ernte setzt man den Rohkaffee wochenlang den Monsunwinden und dem Regen aus. Die speziell dafür konstruierten Lagerhäuser sind nach oben geöffnet.

Da die Bohnen immer wieder gründlich durchgeharkt werden, um sie gleichmäßig zu lüften, und sie vor dem Verschiffen nochmals von Hand verlesen werden, hat der Kaffee eine sehr gute Qualität. Er schmeckt weich, würzig und kräftig. Ausgezeichnete Kaffees kommen z. B. aus der Region Malabar.

Papua Neuguinea

.162 In Papua Neuguinea wird fast ausschließlich »Hochlandkaffee« produziert, der auf 1.300 bis 1.800 Meter über dem Meeresspiegel wächst. Er stammt zu über 75 Prozent von Kleinstfarmern. Weil der Einsatz von chemischen Düngemitteln teuer ist, ist der Kaffeeanbau überwiegend biologisch.

Der Geschmack ist würzig, gehaltvoll, die Säure eher niedrig.

Philippinen

Harmonischer, vollmundiger und würziger Kaffee kommt von dem Inselstaat im Pazifischen Ozean. Ungewöhnlich ist auf den Philippinen vor allem die Vielfalt der angebauten Bohnensorten: Es wird Arabica, Robusta, Liberica und Excelsa erzeugt. Besonders gute Hochland-Arabicas stammen von der im Süden gelegenen Insel Mindanao.

Vietnam

In Vietnam wird hauptsächlich Robusta kultiviert, überwiegend von kleineren Farmen. Während bis vor einigen Jahren eher auf die Quantität geachtet wurde, gibt es inzwischen Bestrebungen, die Qualität des Kaffees zu verbessern. Außer Robusta soll auch vermehrt Arabica und Bio-Kaffee angebaut werden.

Australien

Obwohl manche Anbaugebiete Australiens außerhalb des Kaffeegürtels liegen, kommt von dort ein ausgezeichneter Kaffee. Wegen der hohen Sonneneinstrahlung ist jedoch die Menge begrenzt.

Die australischen Arabicas der »Bourbon«-Varietät überzeugen .158
durch ihren weichen, milden, dezent bitteren Geschmack.

Einige der besten Sorten kommen aus dem nördlichen Queensland, z. B. von der Skybury Plantage, die einen herausragend guten Kaffee erzeugt. Er wird in kunstvoll bedruckten Jutesäcken verschickt, die Motive aus der Höhlenmalerei der Umgebung zeigen.

feinst gebrannt

KAFFEE

Fair Trade und Bio-Kaffee

Auf dem Seeweg gelangt der Rohkaffee in alle Welt. An der New Yorker Börse für Arabica und der Londoner Börse für Robusta wird er gehandelt. Dabei übersteigt das Angebot die Nachfrage: Etwa acht Prozent mehr Kaffee wird angeboten als konsumiert. Die Einkäufer bestimmen den Preis. Dabei können kleine Erzeuger, als schwächstes Glied in der Produktionskette, auf der Strecke bleiben. Nur zehn Prozent des Handelsgewinns fließt an sie. In vielen Fällen deckt der Gewinn nicht einmal die Herstellungskosten.

Das Gegenmodell heißt Fairer Handel: Die Preise für den gehandelten Rohkaffee werden höher angesetzt, als es der jeweilige Weltmarktpreis vorgibt. Damit wird den Bauern ein verlässliches Einkommen gewährleistet, sofern sie bei der Produktion internationale Umwelt- und Sozialstandards einhalten.

So bleibt der Bezug zwischen Leistung und Einkommen gewahrt. Fair Trade bezieht sich traditionell auf landwirtschaftliche Güter, die von Entwicklungsländern in Industrieländer exportiert werden.

Seit Ende der 1960er-Jahre besteht die »Fair-Trade-Bewegung«, die von christlichen Organisationen und Gewerkschaftsgruppen auf den Weg gebracht wurde. Eine-Welt-Läden waren in Deutschland die ersten Verkaufsstellen für fair gehandelten Kaffee. Heute unterstützen internationale Fair-Trade-Projekte die Bauern in den Anbauländern. Die meisten von ihnen finanzieren sich durch Spenden oder werden öffentlich gefördert. Sie bieten Hilfe zur Selbsthilfe an, schaffen Chancen für wirtschaftlich benachteiligte Erzeuger und wirken damit der Armut entgegen. Das geschieht durch Abnahmegarantien, Mindestpreise pro Pfund Rohkaffee und den Direktbezug des Kaffees von kleinen Farmen und Kooperativen.

Auch umweltgerechte Landwirtschaft wird gefördert. Durch technische Hilfe wird den Bauern ermöglicht auf organische Anbauweisen umzustellen. Gleichzeitig engagiert sich Fair Trade in den Anbauländern für soziale Belange, wie den Ausbau der Infrastruktur und des Gesundheits- und Schulwesens. Ausbeutung und Kinderarbeit sind verboten. Die Gleichberechtigung von Frauen wird gefördert, indem sie für ihre Arbeit im Herstellungsprozess entlohnt werden. Der wichtigste Vertreter von Fair Trade in Deutschland ist der gemeinnützige Verein »Trans Fair«, der von rund 40 Organisationen getragen wird. Dazu gehören z. B. Miserior und Unicef. Das Gütesiegel von Trans Fair, das der Verein nach strengen Richtlinien vergibt, ist inzwischen sogar in vielen Supermärkten zu finden.

Auch ökologisch erzeugter Kaffee ist längst in aller Munde. Bei ihm wird auf chemische Dünge- und Spritzmittel verzichtet. Natürlicher Dünger kommt zum Einsatz. Um die Kaffeepflanzen vor Schädlingen zu schützen werden Nützlinge, ihre natürlichen Feinde unter den Insekten, ausgesetzt. Nur Kaffeestöcke deren Ergiebigkeit und Widerstandsfähigkeit erprobt ist kommen für Bio-Kaffee infrage. Unkraut wird in Handarbeit entfernt. Die gesamte Produktion ist extrem arbeitsaufwändig.

Der ökologische Landbau arbeitet mit dem Gleichgewicht der Natur und trägt damit zum Erhalt natürlicher Wälder bei. Dabei bezieht sich der ökologische Gedanke inzwischen auf die gesamte Produktionskette, vom Saatgut bis zur Verpackung.

Für den Verbraucher sprechen gute Argumente für den Kauf von Bio-Kaffee: Der Verzicht auf chemische Hilfsmittel schützt ihre Gesundheit. Kleine Erzeugergemeinschaften werden unterstützt, die Umwelt weniger belastet. Im Idealfall trägt der Bio-Anbau auch zu einem besonders guten Aroma bei: Die Kaffeekirschen dürfen unter den Bananenbäumen, die ihnen Schatten spenden, langsam reifen und werden von Hand geerntet. Wenn auch das Trocknen und Sortieren sorgfältig geschieht, bekommt der Verbraucher wunderbaren Bio-Kaffee von herausragender Reinheit und Güte.

Allerdings: Bio allein genügt nicht. Ökologisches Landwirtschaften und Gesundheit sind den Verbrauchern wichtig – aber auch der Genuss muss stimmen. Dazu muss der Kaffee optimal ausgebaut sein und geschmacklich eine Qualität haben, die den höheren Preis rechtfertigt. Die Grenzen verschwimmen, wenn man bedenkt, dass auch manche konventionellen Erzeuger auf den Einsatz von Spritzmitteln verzichten, ohne zertifiziert zu sein.

Der politische Gedanken aus dem heraus Fair Trade und Bio-Kaffee ursprünglich entstanden ist, trägt als allein stehendes Argument nicht mehr. Inzwischen geht es den Verbrauchern darum sich gesund zu ernähren, dabei die Umwelt zu schonen und zusätzlich einen besonders aromatischen Kaffee in der Tasse zu haben. Dann zahlt sich ökologischer Landbau auch ökonomisch aus. Dass das funktioniert zeigen ständig steigende Verkaufszahlen: Fair-Trade-Gütesiegel und Bio-Zertifikate bedeuten besonders am deutschen Markt bessere Absatzchancen. Die Qualität von Nahrungsmitteln ist hierzulande ein gutes Verkaufsargument. Nirgendwo auf der Welt wird so viel Bio-Kaffee gekauft wie in Deutschland. Und auch die USA sind gute Abnehmer für den »organically grown coffee«.

Marktberichte.

Kaffee.

Hamburg, den 21. Juni 1926.

Während der verflossenen Woche verkehrte der Markt in fester Haltung. Brasilien konnte während der letzten beiden Wochen 189090 Sack nach den Vereinigten Staaten deklarieren, und scheint das Heft fester denn je in der Hand zu haben. Auch der Wechselkurs auf London zeigte eine feste Tendenz, so erschienen zu Beginn der verflossenen Woche in einigen Tageszeitungen Nachrichten, die besagen, daß der Rio-Wechselkurs auf 9 d stabilisiert werden soll. Scheinbar hat die Londoner Börse hierauf etwas reagiert, denn der Kurs stieg weiter langsam auf 7 3/4 d. Besonders fest ist der Markt in Rio, gewöhnliche R os notieren heute für New-York Type 5 etwa £5/—, während Santos Superior Basis 104/— notiert.

Es ist beachtenswert, wie fest Santos bleibt, besteht doch der hauptsächliche Weltkonsum zur Zeit in Gewaschenen, letztere dürften jedoch baldigst aufgebraucht sein, und wenn der Konsum dann in erhöhtem Maße auf Santos zurückgreift, dürften alle Importkreise vermehrte Orders für Santos abgeben und den Markt dadurch weiter befestigen.

(John F. W. Marcus & Co., Hamburg).

Hamburg, den 22. Juni 1926.

Der Weltmarkt lag in der letzten Woche unerwartet entschieden fester. Beeinflußt durch die höheren Wechselkurse und Reispreise hielt insbesondere Brasilien sehr fest auf Preis und lagen die Offerten von dort teilweise bis zu 2 s höher, ohne daß es jedoch zu größeren Abschlüssen kam. Die Auswahl in feinen gewaschenen Kaffees ist nicht mehr so groß und man hat daher viel auf feine Santos-Kaffees zurückgegriffen und konnte das umsomehr, als gerade jetzt besonders gute Santos-Kaffees abgeladen sind. Auch das hat sehr zur Befestigung der Brasil-Märkte beigetragen und wird in den nächsten Wochen noch mehr zum Ausdruck kommen. Die Offerten aus Zentralamerika lagen ebenfalls etwa 1/2 Dollar höher und hielt sich das Geschäft mit dort in mäßigen Grenzen. Die New Yorker und Hamburger Terminmärkte mußten der allgemeinen Weltlage folgend ihre Notierungen gleichfalls heraufsetzen.

Der Hamburger Platz wie auch das deutsche Inland bewahrten gegenüber diesen erhöhten Preisen bisher noch Zurückhaltung, sodaß das Geschäft um mäßigen Umfang annahm. Es steht jedoch zu erwarten, daß die Käuferschaft die neuen Preise akzeptieren muß, da für eine Abschwächung nach Stand der Dinge wenig Aussichten bestehen.

Hamburger Lokopreise der Woche.

	15. Juni	22. Juni
Santos extra spezial	122—124	124—126
Santos extra prime	115—120	117—122
Santos prime	111—114	113—116
Santos superior	107—110	109—112
Santos good	103—106	105—108
Rio	96—101	97—99
Gewaschene Kaffees	127—188	125—…
Guatemala prima	136	136
Maragogype	195—225	195—225

Hamburg den 19. Juni 1926.

Das Geschäft blieb während der ganzen ruhig, doch waren feine und feinste Qualit gut gefragt. Die Inhaber halten auf F Tendenz sich durchaus behaupten konnte.

Amsterdam, den 19. Juni 19

Im Laufe dieser Woche zogen die Prei lien weiter an. Es war das eine Folge genden Wechselkurses und ferner des größere Posten Santos-Kaffee nach den V gehandelt zu sein schienen. Außerdem ist d beschränkt und mit Rücksicht auf die zu Rio-Ernte haben sich speziell auch die Rio festigt. An und für sich blieb das Costfr Brasilien nach Europa beschränkt und f zelte Umsätze, speziell in den besseren Santo statt. Es scheint aber, daß man hier in E fracht-Geschäft wieder etwas mehr Aufmer und dürfte sich wohl demnächst wieder ein schäft entwickeln. Der hiesige Konsum ha zurückgehalten und ist der Bedarf nur not beständen und hereinkommenden, schwi zentralamerikanischer Kaffees gedeckt. Ei von der Hand in den Mund kaufen die Folge preise, anderenteils der schwierigen wirt in Europa. Für die nächste Zeit wird de keine Aenderung in den Preisen eintreten, vor allem Dingen das Sao Paulo Kaffee-Ver die Zügel fest in den Händen hat, und außer gerade durch die kleinen Einkauf-Ordres zu wieder neue Einkäufe zu tätigen, was den sehr stützt.

Es notierten:

Santos Superior 1
Santos Prime
Rio Type 7 New York

Die Ernten in gewaschenen amerikanischen Kaffees nahme von Kolumbien abgelaufen. Es lieg Mexico …or …nalle Nachrichten …ans… den …sehr unter den Fo… der… …eit …st Insektenplagen(Heus …litte… haben sollen. F… liegen bereits w… …h …die Gesamt… fer der 1926/2 6…000 Sack schätzt, …r… um eine Mi… …in vergangenen… Jahren. Un… …st aber zu früh, u… …ein …rteil …u b… dort noch vieles verändert… kann.

Guatemala. Regelmäßige Um… 5—86 Cents, Mittelbonnig 74—76 Cents.

Venezuela. Caracas 91 Cent…

Kuben. Die Preise sind u gestiegen. Wi… jetzt wieder… Schiffungs… …lern nach der Küste… …n Magdale… sind auch die Vereinigten … …en w. der … im Markte …

Es notieren Bogota Extra 30 1/2—31 C… …so Dollar. Die erst… …nfallmust… …ne Bereitung … Konsum-Ka… …m… verbessert zu se… … daher sonnige, feine Qual… …ungen je …e… Konsum finden. Anfänglich waren diese K… zu kaufen, auch heute ist der Preis immer… Vergleich mit de… …diger anderer zent… Kaffees. Es ist …ange …mpfehlenswert, …… dem Einkauf zu… …ön, da insbesonde…

HAG

Ich lasse den Nervenkranken und einigen für Coffeinkaffee hochgradig empfindlichen Herzkranken Kaffee Hag verabreichen. In keinem einzigen Falle hat dieser Kaffee, der an Aroma und Feingeschmack dem besten Karlsbader Kaffee gleichkommt, die Herznerven oder den Schlaf ungünstig

BERUFE
RUND UM DEN
KAFFEE

Die Beschäftigung mit hochwertigem Kaffee hat viele ungewöhnliche Berufe hervorgebracht. Schaut man den Profis bei der Arbeit über die Schulter, werden die einzelnen Schritte, in denen das sinnliche Produkt entsteht, ganz einfach deutlich.

So unterschiedlich die Aufgaben des Testers, Rösters und Baristas auch sind, eins haben sie alle gemeinsam: Sie versuchen das Beste aus dem dunklen, duftenden Gebräu herauszuholen und geben ihre Begeisterung dafür an andere weiter.

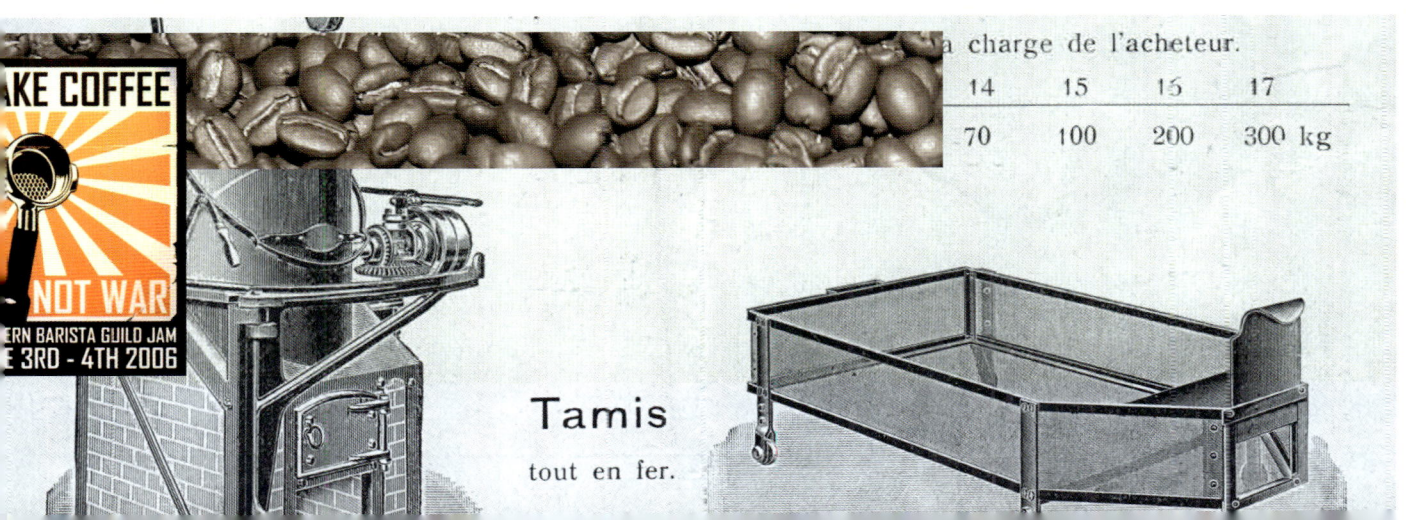

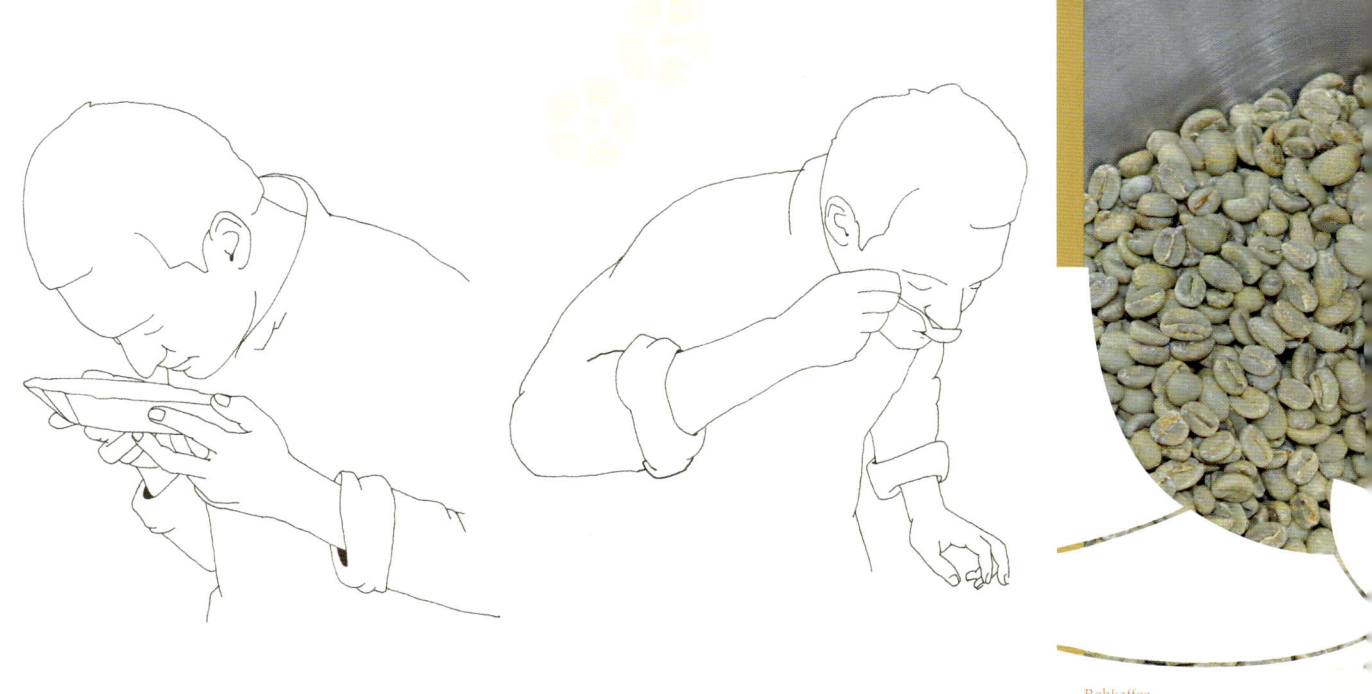

Rohkaffee

Der Prüfer
Kaffee schlürfen und bewerten

»Wir reisen in die Herkunftsländer um den Kontakt zu den Erzeugern zu halten«, sagt Inácio Teixeira. Er ist »Rohkaffee«-importeur und Qualitätsprüfer bei der InterAmerican Coffee in Hamburg, die sich ausschließlich auf den Handel mit den edlen Spezialitätenkaffees konzentriert. »Auf einer Schiffsreise kann viel passieren«, erklärt er. Die wechselnden klimatischen Verhältnisse auf dem Weg vom Anbauland nach Europa können z. B. zu Kondensation in den Containern führen. Der Kaffee kann feucht werden und einen muffigen Geschmack annehmen. Darum beschäftigen Importfirmen Prüfer, die in Deutschland nochmals die Qualität der Ware testen. Auch Proben, die dem Unternehmen aus dem Anbauland zugeschickt werden, bewertet der Qualitätsprüfer.

Cupping

Frisch aufgegossener Kaffee

Bei der Verkostung steht der Kaffee zuerst

optisch auf dem Prüfstand.

Dazu braucht Teixeira einen ausgeprägten Geschmacks- und Geruchssinn, den man nur zum Teil erlernen kann. An einem Tag verkostet er durchschnittlich 20 Tassen. »Das ist wenig«, sagt er. Aber mehr ist nicht nötig, weil es bei dem Gourmetkaffee-Händler um kleine Mengen hochwertigster Sorten geht. Bei größeren Importfirmen probiert ein Qualitätsprüfer im Durchschnitt 300 Tassen am Tag. Sie werden natürlich nicht getrunken, sondern nur in den Mund genommen und wieder ausgespuckt. »Cupping« heißt so eine Kaffeeverkostung, wegen der Tassen, die im Kreis aufgestellt bereit stehen.

Teixeira weiß, wie die einzelnen Rohkaffees aussehen müssen. Manche sind hell- andere dunkelgrün. Einige, wie der Indonesische Sulawesi Toraja, sehen aus wie Jade. Wieder andere sind von Natur aus besonders groß, wie die »Maragogype«-Bohne, eine Variante des »Arabica«. Das Aussehen der jeweiligen Sorte muss mit der Erfahrung des Prüfers übereinstimmen. Schon bei der Prüfung durch das Auge kann ein Rohkaffee durchfallen, weil zu viele angebrochene, zu helle oder fast schwarze Bohnen dabei sind. »Das Rohkaffee-Bild sollte gleichmäßig sein«, so Teixeira. Haben die Bohnen z. B. Bruchstellen, kann das durch die falsche Einstellung der »Entpulper« im Herkunftsland passiert sein. Das sind Maschinen, die das Fruchtfleisch von den Bohnen trennen. In anderen Fällen können unreif oder vergoren geerntete Kaffeekirschen die Ursache für Qualitätseinbußen sein.

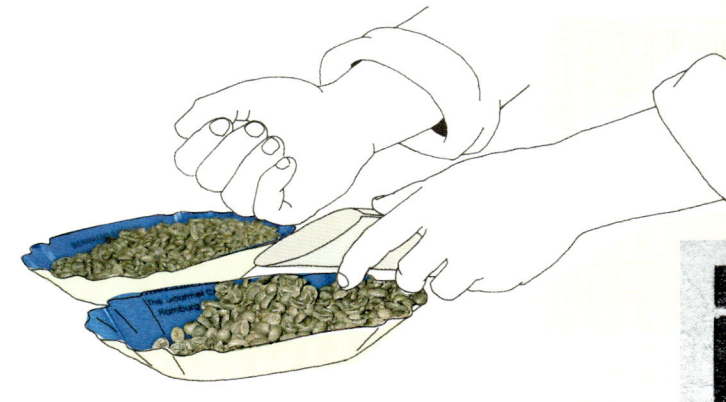

Der Prüfer steckt auch die Nase in die Rohkaffee-Probe. Einige Sorten riechen nach Heu und getrockneten Erbsen, andere angenehm fruchtig. »Es gibt sogar Rohkaffees, deren Geruch an Serano-Schinken erinnert«, so der Fachmann. Bei den sensorischen Tests kann er »Stinker-Bohnen« aufspüren. Sie fallen durch ihre ungewöhnlich helle Farbe auf und riechen ätzend nach Essig. Solche Bohnen sind bei der Aufbereitung überfermentiert. Ihr fauliger Geschmack kann sich auf den gesamten Kaffee übertragen.

Ist das Muster bis dahin einwandfrei, wird ein Teil davon geröstet und verkostet. Dazu gibt Teixeira etwa 100 Gramm in den kleinen Probenröster. Auch den gerösteten Bohnen sieht man noch an ob der Rohkaffee Bruchstellen oder andere Schäden hatte. Frisch geröstet werden sie vermahlen und halb mit Wasser aufgegossen. Dabei entsteht eine schaumige Oberfläche, in der sich das Aroma besonders intensiv sammelt. Der Prüfer durchbricht mit dem Probierlöffel diese Schicht, um die spezifische Charakteristik der Kaffees zu riechen.

Dann schlürft er den braunen Sud lautstark vom Löffel. Das muss sein, denn je mehr sich der Kaffee beim Einsaugen mit Sauerstoff vermischt, desto mehr Aromen kann die Nase aufnehmen. Außerdem verteilt sich das Getränk so besser auf der Zunge. »Kaffee verkosten ist nicht das Gleiche wie Kaffee trinken«, erklärt Teixeira auch immer wieder den Besuchern, die sich zu Verkostungen anmelden. InterAmerican Coffee bietet sie im Hamburger Speicherstadtmuseum an. Wie zur Bekräftigung dieser Aussage spuckt er den Probeschluck in eine dafür vorgesehene Schale.

Am Geschmack erkennt der Prüfer den Charakter des Kaffees, der blumig, weinig, beerig, nussig oder schokoladig sein kann. Und er findet Fehler bevor sie in der Tasse der Endverbraucher landen. So stellt er fest, wenn ein Kaffee »grasig« schmeckt, etwa weil zu viele unreife Kaffeekirschen mitgeerntet wurden, erkennt einen Rio-Taste (harte Tasse) oder einen Musty-Taste (muffigen Geschmack). Entdeckt er einen Fehler wird noch eine Probe aufgebrüht. Aber vor allem ruft Teixeira Kollegen hinzu, die ebenfalls testen. Denn Geschmackseindrücke sind oft subjektiv, darum ist der Austausch so interessant.

»Das wichtigste an dem Beruf ist es, immer offen zu bleiben und sich weiter mit der Materie auseinanderzusetzen«, sagt er. Die Grundlage ist z.B. eine Ausbildung im Außenhandel und die Arbeit bei einem Kaffee-Importunternehmen. Der Beruf des Qualitätsprüfers ist jedoch eine Spezialisierung, die starkes Interesse und viel eigene Fortbildung erfordert.

affee-Reisender

r Mitteldeutschland wird von be-
nntem leistungsf. Unternehmen ge-
cht. Nur fachkundige, eingeführte,
tempfohlene Herren kommen in
etracht. Ausführl. Bewerbungen mit
ugnisabschriften unter V. L. 156 an
e Expedition dieses Blattes erbeten.

Teixeira füllt die Kannen ganz mit Wasser auf, lässt den Kaffee ziehen, gießt ihn in Tassen und lässt ihn ein wenig abkün-
len. Dann macht er wieder und wieder die Runde, um schließlich zu entscheiden, welche Muster gekauft und nach Hamburg geliefert werden sollen. In großen Hallen werden sie
gelagert. Die Kunden der Firma sind kleine und mittelstän-
dische Röstereien.

»Es geht uns darum, Sorten mit besonders

ausgeprägtem Aroma zu finden«, beschreibt

der Qualitätsprüfer die Philosophie des

Spezialitätenanbieters Inter American Coffee

Die Rückverfolgbarkeit des Kaffees bis zur

Plantage spielt dabei eine wichtige Rolle.

Hinter vielen der ausgewählten Kaffees steht

eine besondere Geschichte.«

www.iaccoffee.de

Der Röster
Das Knistern der Bohnen

.164 »An der Qualität des »Rohkaffees« kann man schon viel erkennen«, sagt der Röster Rolf Bernhardt und lässt die ungerösteten, grünen Kaffeebohnen durch die Finger gleiten. »Er muss eine gleichmäßige Farbe haben und eine fehlerlose Oberfläche.«

.162 Wie gemalt sehen die hellgrünen Bohnen des »Hochlandkaffees« aus. Sie sind handgepflückt und nach dem Waschen in der Sonne getrocknet. Ohne gute Rohware kann auch ein Röster nicht viel ausrichten, so wenig wie ein Spitzenkoch mit schlechten Zutaten etwas Gutes kochen kann. In der Konstanzer Rösterei werden wöchentlich einige Tonnen feinsten Rohkaffees verarbeitet. Rund 300 solcher kleinen privaten Röstereien gibt es inzwischen deutschlandweit wieder. Kaffeeröster ist kein Ausbildungsberuf. Man bringt sich selbst alles bei oder lässt sich von Kollegen in die uralte Handwerkstradition einführen. Bis Ende der 1960er-Jahren gab es 5.000 Kaffeeröstereien in Deutschland. Zwischendurch war das Handwerk fast ausgestorben und entsteht nun seit einigen Jahren wieder neu.

*»Es kommt darauf an, die guten Charakter-
eigenschaften des Kaffees herauszuholen«,
so Bernhardt. Dazu braucht jede Sorte eine
andere Röstdauer und -temperatur.*

Man muss sich ihnen einzeln widmen, sie sortenrein rösten und erst später mischen. Sonst wäre ein Kaffee schon längst fertig, während der andere noch Zeit braucht. Wie man die optimale Röstdauer herausfindet? Ausprobieren, erklärt der Röster: »Ich lasse mir vom Händler Rohkaffeemuster in kleinen Mengen schicken und teste so lange unterschiedliche Zeiten und Temperaturen, bis mir der Geschmack gefällt«. Erst dann bestellt er mehr von einer Sorte.

Es gibt Kaffees, die bei gleicher Röstdauer dunkler als andere werden. Und es gibt welche, die zu dunkel geröstet einfach nicht schmecken. »Manche denken, Espresso müsse unbedingt richtig schwarz sein – dabei kommt es auf die Sorte an«, sagt der Fachmann. Die Farben des Rohkaffees variieren von Blassgrün über Bläulich bis Dunkelgrün. »Wenn ein edler Rohkaffee sehr hell ist, kann man durch zu starkes Rösten sein Aroma zerstören«, erläutert Bernhardt. Er ist ideal, wenn er karamellbraun in die Tasse kommt.

Hinzu kommt ein kreativer Gestaltungsspielraum. Jeder Röster hat seine eigene Handschrift und holt das aus der Bohne, was ihm besonders gut schmeckt. »Es gibt Rohkaffees, die bei kurzer Röstzeit eine leichte Zitrusnote entwickeln. Röstet man den gleichen Kaffee ein bisschen länger, schmeckt er nach Zartbitterschokolade«, verrät der Profi aus Konstanz.

Die gerösteten Bohnen fallen auf das Abkühlsieb.

Auch beim Mischen hat jeder seine eigene Philosophie. »Mir schmecken hochwertige Kaffees pur am besten«, so Bernhardt. Auch für die »Blends« kombiniert er nur zwei bis vier intensive Aromen miteinander.

*»Mischen ist wie kochen«, sagt er »man
übt sich in Geschmack und Gefühl dafür,
was zusammen passen könnte.«*

Der gusseiserne Trommelröster aus den 1950er-Jahren muss eine halbe Stunde vorheizen. »Die modernen Maschinen sind besser isoliert und haben einen geringeren Energieverbrauch«, erklärt Bernhardt »aber die gusseisernen garantieren ein supertolles Röstergebnis.« Wie man es von der alten Bratpfanne der Großmutter kennt, gibt das Gusseisen die Energie besonders gleichmäßig ab. So bekommen alle Bohnen zum gleichen Zeitpunkt eine wunderschöne Farbe und ein perfektes Aroma.

Röstprobe   Probenröster

Mit einem Stab zieht der Röster immer wieder Proben aus der Trommel, um den Röstgrad zu prüfen. »Ich höre am Knistern, wie weit sie sind«, beschreibt er eine Erfahrung, die auch gute Köche nachvollziehen können. Die Bohnen klappern in der Trommel und klingen im grünen Zustand hart und schwer. Beim Rösten verlieren sie 15 bis 20 Prozent ihrer Feuchtigkeit, nehmen aber, weil sie aufplatzen, an Volumen zu. »Wie Popkorn«, sagt Bernhardt. Die Bohnen werden leichter, das Geräusch in der Trommel wird weicher.

Man hört es leise knistern, wenn die Bohnen aufspringen und das »Silberhäutchen« absprengen. »Cracken« heißt das auf Kaffeedeutsch. Es klingt, als wenn man die Bläschen einer Plastikverpackung knackt. Der Röster setzt sich direkt neben seine Maschine. »Ich höre, wenn etwas nicht in Ordnung ist, als wenn ich in meinen Körper hineinhorche«, beschreibt er seine Arbeit. Manchmal laufe das Lager nicht rund oder ein Riemen sei lose. Oder der Kaffee mache eben nicht die Geräusche, die er machen soll.

Dann gilt es den richtigen Zeitpunkt abzupassen. »Den Röstprozess zu unterbrechen ist, wie ein Roastbeef aus dem Herd zu nehmen, wenn es innen noch rosa ist«, erklärt Bernhardt die Aufmerksamkeit, die nötig ist.

Nur für einen kurzen Moment gibt die jeweilige Kaffeesorte die meisten ihrer Aromen preis. Ihn zu kennen, ist eine Sache der Erfahrung. Wird der Punkt überschritten, baut der Kaffee wieder ab. »Ich röste immer so, dass eine seidenmatte Patina die Bohnen überzieht«, sagt der Konstanzer.

Der köstliche Kaffeeduft zieht durch die ganze Stadt. Rösten riecht anders als Kaffeemahlen. Es ist ein warmer Holzgeruch, wie von einem Kaminfeuer. Ein bisschen erinnert der süßlich-kernige Duft an Erdnüsse. Wenn der Kaffee aus der Maschine auf das Kühlsieb prasselt, hat er eine gleichmäßige satte Röstung.

www.kaffeeroesterei-konstanz.de

Lieferantenanzeiger

Monatliches Beiblatt des Lieferantennachweises des Kateka-Verlages Dr. Adolf Rüter

Praktische Neuerungen.

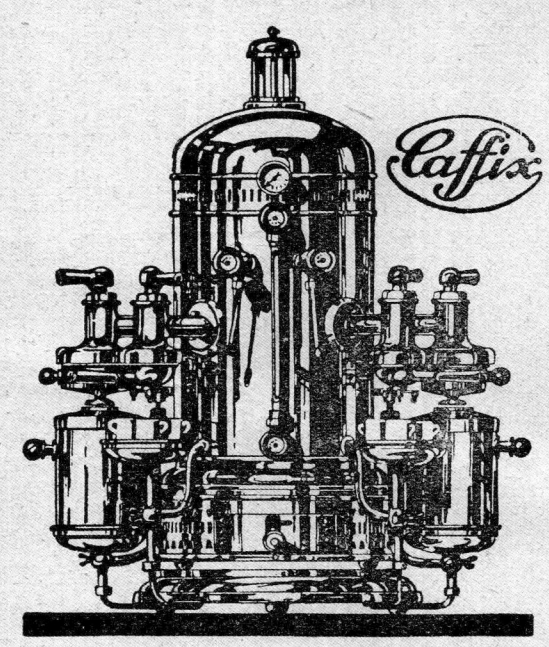

Die „Caffix"-Kaffeemaschine.

Von dem Gedanken ausgehend, daß die jeweilige Frischbereitung des Kaffees im Augenblick des Bedarfs bezw. der Bestellung durch den Gast an Güte, insbesondere an Aroma alle anderen Kaffeekoch-Methoden weit übertrifft, hat die Kaffee-Fix-Apparate-Vertriebsgesellschaft m. b. H. in Berlin W. 9, Bellevuestraße 6 a, einen Heißgetränke-Apparat auf den Markt gebracht, der auch den weitestgehenden Ansprüchen eines modernen Kaffee-Betriebes voll gerecht wird.

Das System als solches ist in Fachkreisen bereits hinlänglich bekannt, sodaß hierüber eigentlich nichts mehr zu sagen sein dürfte, nur soviel, daß es nichts weiter als die Uebertragung der altbewährten türkischen Kaffee-Bereitungs-Methode in das modern-maschinelle darstellt, d. h. es wird

jede einzelne Tasse oder jedes Kännchen im Augenblick des Bedarfs, gewissermaßen vor den Augen des Gastes, jeweils frisch bereitet.

Der steigende Umsatz der Maschinen beweist, daß sich die Bereitungsmethode, nach der das „Caffix-System" arbeitet, nicht nur in Deutschland, sondern auch im Ausland immer mehr bewährt hat.

Aehnliche Apparate bezw. Maschinen sind nicht nur in Italien, Frankreich und Spanien, sondern auch in vielen anderen Ländern in großen Mengen seit Jahren im Gebrauch.

Die Maschine verdankt ihre schnelle Verbreitung der außerordentlichen Handlichkeit, ferner der sauberen hygienischen Bereitung der Getränke, der Ersparnis an Kaffeegut, dem Fortfall der eigentlichen Kaffeeküche, der steten Betriebsbereitschaft, vielseitigen Verwendbarkeit, sowie ihrer Formenschönheit.

Der „Caffix-Apparat" ist ein Erzeugnis der Lokomotivfabrik Henschel & Sohn G. m. b. H. in Cassel. Er ist so durchkonstruiert, daß Beanstandungen, wie sie bei den leichter gebauten italienischen Maschinen häufig vorkommen, bei dem wesentlich solider gebauten deutschen Fabrikat ausgeschlossen sind.

Die Beheizung erfolgt entweder durch Gas elektrischen Strom, Spiritus, Petroleum oder auch durch zwei von diesen Beheizungsarten kombiniert.

Die Handhabung der in allen Ländern patentierten Armaturen, insbesondere der Brühhähne, ist äußerst leicht und einfach.

Die Preise sind niedrig gehalten, so daß auch kleineren und wirtschaftlich schwächeren Betrieben die Anschaffung ermöglicht wird.

Wie wir hören, sind die „Caffix-Apparate" auch im letzten Jahr wiederholt ausgezeichnet worden, und zwar mit dem Großen Preis auf der Kochkunstausstellung in Frankfurt am Main, der Goldenen Medaille auf der Internationalen Kochkunst-Ausstellung in Kopenhagen und mit der Goldenen Medaille auf der Großen Ausstellung für Hotel- und Gastwirtsfach, Kochkunst sowie verwandte Gewerbe in Nürnberg.

Wer liefert?

84. Rohkaffee an Kaffeegroßhandlung?
85. Santos, Maragogype an Kaffee-Großrösterei?
86. Guten Santos und gewaschene Rohkaffees an Rösterei?
87. Rohkaffee (Santos, Java, Costa-Rica) an Kolonial-

93. Kaffeelöffel als Zugabeartikel?
94. Bindfaden aller Stärken?
95. Kaffeemühlen für Reisezwecke?
96. 1 elektr. Kaffeemühle evtl. gebraucht?
97. Karlsbader Kaffeemaschinen?

Der Barista
In Kontakt mit dem Gast

»Die Zubereitung ist der letzte Schritt auf dem langen Weg, den der Kaffee bis zum Verbraucher zurücklegt. Wenn der Barista über zu wenig Wissen und Erfahrung verfügt, ist die ganze Mühe und Sorgfalt, die alle anderen in den Kaffee investiert haben, verdorben«, sagt Alexandros Klazides, Barista im Gastronomiebereich der Berliner Kaffeerösterei.

Ein Barista ist ein Barkeeper für Kaffee. Manche denken, er bedient nur die Kaffeemaschine. »Das würde stimmen, wenn es sich um einen Vollautomaten handelte, bei dem man einfach nur aufs Knöpfchen drückt«, erklärt Klazides. Der perfekte Espresso kommt jedoch aus der Siebträgermaschine. Bei ihrer Bedienung hängt alles vom Menschen ab. Das Kaffeemehl wird in ein Metallsieb gegeben, das Wasser unter hohem Druck hindurch gepresst und jede Tasse einzeln zubereitet. Dabei beeinflussen mehrere Faktoren das Ergebnis: die Kaffeequalität, der Mahlgrad, die Pulvermenge, die Wassertemperatur, der Wasserdruck, die Durchlaufzeit und die Wasserqualität.

»Jede Sorte hat ihre eigene Temperatur«, erzählt Klazides. »Einen sortenreinen Kaffee muss man anders behandeln als eine Mischung«. Er testet Kaffees die er im Sortiment hat, so lange, bis er die optimale Zubereitung gefunden hat. Außer Espressogetränken bietet das Restaurant der Berliner Kaffeerösterei auch Kaffee aus der Presskanne an. Die Kaffees haben sogar eine Tagesform: »Bei feuchtem Wetter muss man das Pulver etwas gröber mahlen, bei trockenem Wetter etwas feiner«, sagt Klazides. Das kann kein Vollautomat.

Auch die regelmäßige Reinigung der Arbeitsgeräte ist wichtig für das Aroma. Hält man die Kaffeemühle nicht sauber, können die Kaffeereste darin oxidieren – das Getränk würde ranzig schmecken. Auch das gehört zu den Aufgaben eines Baristas. Eine entscheidende Rolle spielt außerdem das Wasser. Klazides verwendet gefiltertes Leitungswasser. »Durch zu hartes Wasser kann Kaffee sauer schmecken«, erläutert er. Ein mittlerer Härtegrad ist ideal.

Der Barista zieht eine Herzform in den Milchschaum, macht noch einen mit Blattmuster. Wie das geht? »Einfach durch die Bewegung des Handgelenks«, sagt er. Bei Cappuccino oder Latte Macchiato sprechen Fachleute von Mischgetränken, deren eigentliche Grundlage die Espresso-Zubereitung ist. Bei ihnen kommt es auf das richtige Verhältnis zwischen Milchschaum und Kaffee an. Und natürlich auf die Konsistenz des Schaums. »Der Originalschaum muss feinporig und cremig sein, wie halbgeschlagene Sahne«, so Klazides. Anderer Milchschaum, der wie fester Badeschaum aussieht und große Blasen wirft, entsteht nur, wenn man die Schäumtechnik nicht richtig beherrscht.

.165 Der Barista erklärt wie's geht: »In der ersten Phase (»Ziehphase«) halte ich die Dampfdüse ein paar Millimeter unter die Oberfläche. Dabei entsteht ein Zischgeräusch. Die Milch schlägt große Blasen, mit denen ich das Volumen beeinflussen kann. In

der zweiten Phase (»Rollingphase«) gehe ich tiefer in die Milch .164 und bringe sie im Ganzen zum Rollen. Das gibt einen Whirlpooleffekt und gar kein Geräusch mehr.« Auf diese Weise werden die Blasen sehr fein, bis sie fast nicht mehr erkennbar sind.

Klazides war Kellner und Barkeeper, bevor er Barista wurde. Zurzeit ist Barista in Deutschland, anderes als z. B. in Italien, noch kein Ausbildungsberuf, obwohl es entsprechende Bestrebungen gibt. Man ist auf Weiterbildungsangebote freier Institute angewiesen. Gastronomieberufe sind aber eine gute Grundlage, denn als Barista muss man nicht nur die Technik der Kaffeezubereitung beherrschen, sondern auch Gäste beraten. Wie viel Kaffeeerfahrung hat ein Kunde? Wann und zu welcher Gelegenheit möchte er den Kaffee trinken? »Morgens würde ich etwas anderes empfehlen als zum Kuchen oder nach einem Abendessen«, so Klazides. Bei Stammkunden merkt er sich auch ihre Vorlieben.

Es gehe darum, immer weiter zu experimentieren, was man alles aus dem Kaffee herausholen kann, sagt Klazides. Manchmal fühle er sich wie ein Alchimist. So war es auch, als er bei den Barista-Meisterschaften den vierten Platz belegte. Für die Jury bereitete er ein kaltes Kaffeegetränk zu. »Ich habe den Kaffee mit frischem Thymian aromatisiert und eine Zabaione-Creme als Schaum gemacht«, erzählt er.

www.berliner-kaffeeroesterei.de

Die Krönung der Pause

KAFFEE

WO **"DIE KRÖNUNG DER PAUSE"** BRINGT
FÜR NUR 10 PFENNIG DIE TASSE
KAFFEE AUS DER **KOSTENLOSEN**

Kleinkantine "Piccolo"

SIE . . . .

DAS AROMA WIRD GEWECKT

Die Geschichte des Röstens

Beim Rösten gibt die Bohne ihr Geheimnis frei. Alle Informationen, die der Kaffee während des Anbaus und der Verarbeitung aufgenommen hat, die guten wie die schlechten, kommen wieder zum Vorschein. Die Aufgabe des Rösters ist es, einen exzellenten »Rohkaffee« auszuwählen und das Beste aus ihm herauszuholen. Über 800 verschiedene Aromastoffe sind in einer Bohne enthalten. Der Röstvorgang kann sie zum Leben erwecken oder, bei zu hoher oder zu lange andauernder Hitze, das Aroma zerstören. Da die optimale Röstdauer und -temperatur eine Sache der Erfahrung ist, überlässt man das Rösten heutzutage lieber den Profis. Das war nicht immer so.

.164

Konstruktionszeichnung einer Röstmaschine

Schon im 9. Jahrhundert wurden ganze »Kaffeekirschen« und Kaffeeblätter in ihrer äthiopischen Heimat mit Wasser aufgegossen und als belebendes Getränk genossen.

Es ist nicht belegt, wer zum ersten Mal auf die Idee kam die Kaffeebohnen zu rösten. Vermutlich geschah es aber zufällig, etwa zu Beginn des 15. Jahrhunderts. Eine arabische Legende erzählt, dass ein Mönch den Zweig eines Kaffeebaums mit seinen roten Beeren ans Feuer legte, um ihn für die Vorratshaltung zu trocknen. Er vergaß ihn dort, die Beeren verkohlten langsam und verströmten dabei einen so köstlichen Duft, dass die erstaunten Mönche das Getränk dennoch zubereiteten. Die Wirkung war die gleiche wie bei den rohen Beeren, nur schmeckte es viel besser.

Ursprünglich röstete man die Bohnen in einer großen Eisenpfanne über dem Feuer und wendete sie so lange, bis sie braun waren und zu duften begannen. Diese einfache Methode wird in manchen Anbauländern, z. B. in Äthiopien, auch heute noch privat angewandt. Die gerösteten Kaffeebohnen werden im Mörser zerstampft und in der Jabana – einem bauchigen Tonkrug, der nordostafrikanischen Kaffeekanne – aufgekocht. Der Kaffee wird in Trinkschalen serviert.

Bis ins 20. Jahrhundert hinein wurden kleine Mengen Kaffee in den häuslichen Küchen über dem Herdfeuer, Kohle- oder Holzofen mit Hilfe von Röstpfannen oder in trommelförmigen Behältern mit Handkurbel selbst geröstet. Ein bis zwei Pfund Kaffee bewegte man darin mit viel Geduld dreißig bis vierzig Minuten lang mit der Kurbel. Eine Prozedur die mehrmals wöchentlich wiederholt werden musste. Zur Belohnung für die Mühe erhielt man jedoch einen absolut röstfrischen Kaffee.

Diese kleinen Haushaltsmaschinen waren winzige Nachbildungen der Industriemaschinen. Denn die eigentliche Industrialisierung des Kaffeeröstens begann während des 19. Jahrhunderts in den USA. Als in Deutschland noch überwiegend Kaffeeersatzstoffe wie Getreide und Zichorie geröstet wurden, hatte sich in den USA der echte Bohnenkaffee längst als Volksgetränk durchgesetzt. Um dem Kaffeebedarf nachzukommen entstanden vor allem in den rasch wachsenden Städten große moderne Kaffeeröstereien.

In Europa eröffneten ab Mitte des 19. Jahrhunderts die ersten größeren Röstereien, die sich wegen der besseren Infrastruktur zunächst vor allem in Groß- und Küstenstädten niederließen. Nach Einführung der Gewerbefreiheit und Überwindung der Handelsbeschränkungen wurde Kaffee auch in Europa immer populärer. Immer größere Mengen mussten den steigenden Bedarf decken. Auch viele Kolonial- und Lebensmittelläden legten sich Klein-Kugelröster zu und boten ihren Kunden »frisch gebrannten« Kaffee an.

Ob es um diese kleinen Geräte oder große Röstanlagen ging – die meisten arbeiteten mit einer Maschine der Probat-Werke. Denn mit dem wachsenden Kaffeebedarf entwickelte sich auch die Röstmaschinentechnik. Die 1868 in Emmerich gegründete Firma, die damals noch »Emmericher Maschinenfabrik & Eisengießerei van Gülpen, Lensing & von Gimborn« hieß, gehörte dabei zu den Pionieren. Immer neue Innovationen der Rösttechnologie und Geräte zur Verarbeitung und Veredelung

von Kaffee kamen aus der kleinen Stadt am Niederrhein. Der »Emmericher Kugel-Kaffeebrenner« für Röstereien und Kaffeegeschäfte stand quasi an jeder Ecke. Bis 1887 wurden 13.000 Stück verkauft. Bis ins Jahr 1900 konnten bereits 50.000 Röstmaschinen in alle Welt geliefert werden. Die ersten Modelle wurden noch mit Muskelkraft betrieben, später übernahmen Dampfmaschinen und Gasmotoren diese Arbeit.

Das Unternehmen, das 1959 seinen Namen in »Probat-Werke von Gimborn« änderte, ist heute Weltmarktführer der Rösttechnologie. Nach wie vor ist es in Emmerich zu finden, ebenso wie das »Museum für Kaffeetechnik«.

Emmericher Maschinenfabrik & Eisengiesserei

TELEGRAMM ADRESSE:
Maschinenfabrik Emmerich.

VAN GÜLPEN, LENSING & VON GIMBORN

DAMPFMASCHINEN
TRIEBWERKE
MÜHLEN
ZIEGELSTEINPRESSEN
Landwirtschaftliche Maschinen
MASCHINENGUSS, BAUGUSS
U. S. W.

Emmerich am Rhein, 28 Septr 1891.

Rechnung

für Herrn Fron Wwe Th van Dreveldt
Worthuysen

netto comptant in baar. Etwaige Beanstandungen müssen innerhalb 8 Tagen erhoben werden. Verpackung
kostenpreise berechnet aber nicht zurückgenommen.

	Gewicht Kilogramm	Preis Mark
		13.
	9567	24
		0,25
	540	29
	950	24

Specialität
KUGEL-KAFFEE-BRENNER
wiederholt preisgekrönt und patentirt
in vielen Städten

VAN GÜLPEN, LENSING & VON GIMBORN
EMMERICH

Was geschieht beim Rösten?

Das Potenzial des Rohkaffees wird erst bei der Röstung aufgeschlossen. Zwei Faktoren, Rösttemperatur und -dauer, entscheiden über seinen Geschmack. Bei der traditionellen Trommelröstung kommt der Rohkaffee chargenweise in den Einfülltrichter. Wie ein Backofen muss die Rösttrommel zunächst auf 200 bis 250 °C vorheizen. Dann lässt der Röstmeister die Bohnen in die vorgewärmte Trommel prasseln. Je nach Sorte und gewünschtem Röstgrad bleiben sie zwischen 13 und 20 Minuten bei 200 bis 230 °C in der rotierenden Trommel. Dabei strömt kalte Außenluft durch die Trommel und sorgt dafür, dass der Kaffee nicht zu schnell erhitzt, und damit gleichmäßig und schonend geröstet wird. Mit einem Probenzieher kann der Röstverlauf genau beobachtet und kontrolliert werden, denn manchmal entscheiden Sekunden über den richtigen Röstgrad.

Ganz unterschiedliche Rösttechniken wurden im Laufe der Jahre entwickelt, um dem steigenden Bedarf an Kaffee nachzukommen. Die älteren Methoden lehnen sich an das Rösten auf der Pfanne an: Die Bohnen kommen in der Rösttrommel in Kontakt mit der heißen Metallfläche und werden so erhitzt. In neueren Konvektions- oder Heißlufttröstern umströmt dagegen heiße Luft die Bohnen. Außerdem gibt es verschiedene Kombinationen beider Techniken. Eine Weiterentwicklung ist das Wirbelröstverfahren, bei dem die Kaffeebohnen durch den starken Druck der Heißluft ständig in einem Schwebezustand gehalten werden.

Während des Röstens verlieren die Kaffeebohnen Feuchtigkeit und werden um 12 bis 20 Prozent leichter. Durch den inneren Überdruck dehnen sie sich aus: Ihr Volumen verdoppelt sich. Der Zucker in der Bohne reagiert mit anderen Inhaltsstoffen; so entwickeln sich Farb- und Aromastoffe (Maillardreaktion). Es geschieht im Prinzip das Gleiche wie beim Backen von Brot. So verändern die flachen, hellgrünen oder hellbraunen Rohkaffeebohnen ihre Farbe zuerst ins Gelbliche, werden dann haselnussbraun, kastanienbraun und schließlich kaffeebraun. Die feinen Fruchtsäuren, die das Aroma des Kaffees bestimmen, kommen erst durch das Rösten zum Vorschein.

Für die großen Verarbeitungsanlagen musste vor allem die Röstdauer reduziert werden, um mehr Kaffee in kürzerer Zeit produzieren zu können. Bei guter Wärmeübertragung in Heißlufttröstern kann der Röstprozess auf einige Minuten verkürzt werden. So werden in großen Kaffeeröstereien bis zu 4.000 kg Rohkaffee pro Stunde geröstet.

Nach etwa zwei Dritteln der Röstzeit blähen sich die Bohnen auf und fangen hörbar an zu knacken oder zu »cracken«, wie .160
die Fachleute sagen. Das noch vorhandene »Silberhäutchen« .165
platzt ab und wird in einen extra dafür vorgesehenen Behälter, der Zyklon heißt, abgesaugt. Die Bohnen sind jetzt gleichmäßig kaffeebraun. Ein herrlich-malziger Duft verbreitet sich

im Raum. Gegen Ende der Röstung treten ätherische Öle aus den aufgebrochenen Zellwänden der Bohne, die ihr eine seidenmatte Patina verleihen.

Ist der optimale Röstgrad erreicht, öffnet der Röstmeister eine Klappe an der Röstmaschine. Die Bohnen rauschen aus der Trommel auf das darunter liegende Kühlsieb. Ein Rührwerk und Kühlluft sorgen dafür, dass der Kaffee rasch abkühlt, damit die flüchtigen Aromastoffe sofort fixiert werden. Die Bohnen würden sonst nachrösten.

Oben: Kugelröster »Probat« Holzstich 1880

Links: Großrösterei

COFFEE-ROASTING.

Amerikanische Kaffeerösterei mit Pullout-Trommelröstern

Der beste Augenblick die Röstung abzubrechen ist bis zu einem gewissen Punkt Geschmackssache und variiert von Röster zu Röster. Mit einer hellen Röstung kann man die Breite des Aromenspektrums betonen. Alle Facetten des Buketts liegen klar erkennbar auf der Zunge. Eine dunklere Röstung akzentuiert einzelne Aromen und steigert den Eindruck von Fülle. Sie erzeugt mehr Bitterstoffe und weniger Säuren, ein Effekt, der für Espresso-Mischungen gewünscht sein kann.

Die Röstkunst besteht darin, durch unterschiedliche Röstzeiten und Temperaturverläufe die speziellen Charaktereigenschaften jeder Kaffeesorte aus der Bohne herauszuholen und nach eigenen Wünschen zu gestalten – ähnlich wie beim Kochen. Klare Regeln gibt es dafür keine: Wie der Kaffee schmeckt, kommt auch auf den Geschmack des Röstmeisters an. Auch die Vorlieben der Verbraucher sind nicht überall auf der Welt gleich: In Skandinavien zieht man besonders hell gerösteten Kaffee vor (Zimtröstung), die Mitteleuropäer und Südamerikaner mögen es etwas dunkler und in Süditalien muss der Kaffee sehr stark geröstet sein.

Auf jeden Fall empfiehlt es sich, frisch gerösteten Kaffee zu trinken. Das Aroma ist flüchtig – bereits beim Abkühlen sind dreißig Prozent verflogen. Um den Kaffee frisch genießen zu können, wird er immer erst im Importland geröstet. In Deutschland haben die großen Röstereien ihren Sitz in Hamburg und Bremen. Ideal ist es, sich an eine Rösterei im eigenen Wohnort zu wenden. Kleine Röstereien, die lange Zeit völlig von der Bildfläche verschwunden waren, entstehen jetzt wieder vermehrt. Dort bekommt man individuell geröstete Kaffees, hinter denen einzelne Röstmeister mit Liebe zum Handwerk stehen.

Wie fein darf es sein?

Der betörende Duft und einzigartige Geschmack von frisch gemahlenem Kaffee überzeugt selbst Skeptiker. Dem vergleichsweise geringen Aufwand steht ein enormer Mehrwert an Aroma gegenüber.
Selbst mahlen ist viel einfacher als selbst rösten – man kann es problemlos zu Hause bewerkstelligen.

Es gibt viele gute Argumente dafür, die ganzen Bohnen einzukaufen: Eventuelle Aufbereitungs- und Röstfehler lassen sich an ihnen noch erkennen. Ist der Kaffee erst gemahlen, büßt er besonders schnell sein Aroma ein. Das Mahlen öffnet die Zellen der Bohnen. Die Inhaltsstoffe werden freigesetzt und entfalten sich im heißen Wasser. Ideal ist es, kleine Mengen gerade gerösteter Bohnen zu kaufen und immer nur soviel frisch zu mahlen, wie man für die nächste Zubereitung braucht.

Für jede Zubereitung gibt es den richtigen Mahlgrad. Am gröbsten wird der Kaffee für die Pressstempelkanne gemahlen, einen mittleren Mahlgrad verwendet man für Filterkaffee, Espresso ist sehr fein gemahlen und Türkischer Mokka muss so samtig sein wie feinster Sand. Ist die Mahlung zu fein für die Zubereitung, schmeckt der Kaffee streng und bitter. Ist sie zu grob, können in der Zeit, in der der Kaffee in Kontakt mit dem Wasser kommt, nicht alle Aromastoffe genutzt werden. Man bekommt eine dünne, körperlose Brühe.

Bei der Auswahl der Mühle ist es wichtig, darauf zu achten, dass der Kaffee möglichst schonend gemahlen wird. Das Mahlgut darf nicht oder nur sehr wenig erhitzt werden. Durch die Hitzeeinwirkung wird es sonst noch einmal nachgeröstet und schmeckt verbrannt. In industriellen Anlagen kühlt man deswegen das Mahlwerk. Die Bohnen sollten in der Mühle gleichmäßig zerdrückt werden, sodass das Kaffeemehl einen einheitlichen Mahlgrad hat.

Großmutters Handmühle mahlt den Kaffee besonders schonend. Durch die langsame Kurbelbewegung wird er nicht erhitzt. Die alten Mühlen sind enorm dekorativ und machen das Kaffeezubereiten zu einem fast meditativen Ereignis. Duftend landet das Kaffeemehl in einer kleinen Schublade. Das gute Stück findet man auf Flohmärkten oder inzwischen auch wieder als Neuauflage in Kaffeefachgeschäften. Der Nachteil: Bei den meisten Handmühlen lässt sich der Mahlgrad nicht verstellen. Sie produzieren nur Filterkaffee.

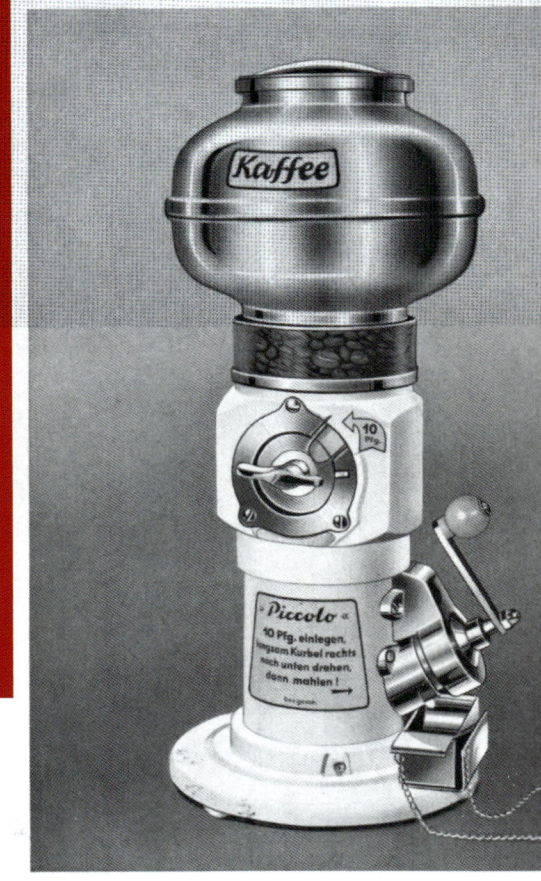

Der Piccolo ist eine Erfindung von August Münchhausen. Gegen den Einwurf von 10 Pf gab der Automat 5–6 g Kaffeebohnen in ein Mahlwerk. Mit der seitlich angebrachten Kurbel konnte das Mahlwerk betrieben werden und der frisch gemahlene Kaffee fiel in eine kleine Schütte. Die Menge reichte für eine Tasse, die dann mit heißem Wasser frisch gebrüht werden konnte.

In Scheibenmühlen werden die Bohnen nach dem Prinzip eines Mahlsteins zwischen zwei Scheiben zerpresst. Indem man den Abstand zwischen ihnen verstellt, verändert man auch den Mahlgrad. Scheibenmühlen mahlen den Kaffee gleichmäßig und lassen sich auf verschiedene Mahlgrade einstellen. Sie können also sowohl Espressomehl als auch Kaffee für die Pressstempelkaffee erzeugen. Noch modernere Mühlen mit Kegelmahlwerk arbeiten extrem schonend mit einem Minimum an Wärmeeinwirkung.

Welche Mahlgrade man selbst braucht, muss man ausprobieren. Die Einstellung der Mühle wird je nach Zubereitung verändert. Meistens geben die kleineren Zahlen auf der Skala an der Mühle die feineren Mahlgrade an. Hinzu kommt aber, dass jedes Zubereitungsgerät etwas anders ausfällt. Das heißt, das Sieb der einen Espressomaschine braucht einen etwas anderen Mahlgrad als das einer anderen. Es kommt also einerseits darauf an, welche Zubereitungen man selbst bevorzugt und andererseits welche Geräte man dafür benutzt.

Schneller und einfacher geht das Mahlen mit elektrischen Mühlen. Aus den 1960er-Jahren stammt die Propellermühle. In ihr rotiert ein Propeller, der die Bohnen zerhackt wie in einer kleinen Küchenmaschine. Dabei werden sie erhitzt und ungleichmäßig gemahlen. Das Mahlgut kommt unterschiedlich stark in Kontakt mit dem Propeller, so dass der Kaffee am Boden der Maschine oft feiner gemahlen ist als weiter oben. Um das zu verhindern, kann man während des Mahlens den Deckel festhalten und die Maschine etwas bewegen. Einen völlig einheitlichen Mahlgrad wird man trotzdem selten erreichen.

Wer oft die Zubereitung wechselt – also sowohl Mokka, als auch Espresso und Kaffee aus der Pressstempelkanne trinkt – sollte darauf achten, dass die Mühle alle diese Möglichkeiten bietet. Und darauf, dass die Mahlgrade deutlich markiert sind, z.B. durch Zahlen von null bis vier. Strichmarkierungen reichen nur aus, wenn man sich keine wechselnden Einstellungen merken muss, weil man z.B. immer nur Espresso trinkt.

FÜR VERWÖHNTE ZUNGEN

Das Aroma bewahren

Kaffee selbst frisch zu mahlen und gleich zu verbrauchen ist nicht immer möglich.

Darum gibt es ein paar Tricks, um den Aromenverlust so weit es geht zu verlangsamen.

Licht, Sauerstoff und Temperaturen über 20 °C schaden dem Aroma des Kaffees.

Geröstete Bohnen oder gemahlener Kaffee sollte also trocken, licht- und luftdicht

an einem kühlen Ort aufbewahrt werden. Noch verschlossene Vakuum- oder Ventil-

verpackungen eignen sich dafür hervorragend. In ihnen ist der Kaffee einige Monate

haltbar. Ist die Packung jedoch erst angebrochen, greift der Schutz nicht mehr.

Am besten legt man den Kaffee dann samt Verpackung in eine gut schließende Dose.

Ihn lose umzufüllen hat den Nachteil, dass er unnötig stark der Luft ausgesetzt wird. Das raubt ihm Aroma. Außerdem enthalten Kaffeebohnen und Kaffeemehl Fette und »ätherische Öle«, die am Rand des Behälters haften bleiben würden. Sie werden schnell ranzig – ein Geschmack der sich auf den Kaffee überträgt. Die biegsame Folie der Verpackung sollte den Kaffee auch nach dem Öffnen so eng wie möglich umschließen. Das geht z. B., indem man sie mit einem Gummiband umwickelt. Dadurch bleibt der Kaffee vor Sauerstoff geschützt.

So verpackter Kaffee kann im Kühlschrank gelagert werden. Denn die Kälte hält ihn länger frisch. Allerdings muss man in diesem Fall ganz besonders darauf achten, dass er gegen Außeneinflüsse geschützt ist. Der Kühlschrank kann dem Kaffee auch Feuchtigkeit entziehen. Zudem ist er extrem anfällig für Gerüche anderer Lebensmittel, die er regelrecht anzieht. Umstritten ist, ob man Kaffee einfrieren soll. Einerseits verlängert das seine Haltbarkeit noch weiter, andererseits verändern sich beim Einfrieren seine Kaffeeöle. Nach dem Auftauen ist er nicht mehr der Gleiche.

»In der geräumigen Cantine des employées, zu der man sich über den Gang bis an sein Ende begab, war es warm und anmutend durch den Duft des Morgengetränks, das der Cantinier und seine sehr dicke und mütterliche Frau hinter dem Buffet aus zwei blanken Maschinen in Tassen füllten. Der Zucker lag schon in Schalen, und die Frau goss Milch nach und fügte jeder eine Brioche hinzu (…) Wieder in der Kantine, sorgte ich denn auch für mich, schlürfte meinen Café au lait, der außerordentlich mundete.«

THOMAS MANN

DIE HOHE KUNST DER ZUBEREITUNG

Lackierte u. dekorierte **Kaffeestanddosen** liefern **Max Lodder & Co.** **Bonn** Blechemballagen.

> *»Kellner, falls dies Kaffee ist, bringen Sie mir Tee, falls dies aber Tee ist, bringen Sie mir Kaffee.«*
>
> ABRAHAM LINCOLN

Jede Zubereitung versetzt uns in eine andere Welt. Der Duft von frisch aufgebrühtem Filterkaffee erinnert an Großmutters Kuchentafel, Espresso an eine kleine italienische Bar und der samtige Mokka kann wie ein Kurzurlaub in Griechenland sein. Der Zauber liegt darin, dass Kaffee immer wieder sein Gesicht verändert, aber in jeder Form eine neue Welt eröffnet. Dabei ist auch die Tageszeit bestimmend für die Zubereitung: Die meisten würden zum Frühstück einen Milchkaffee vorziehen und nach dem Essen einen Espresso. Wer es anders mag, sollte sich aber nichts vorschreiben lassen. Der Genuss geht vor. Nur optimal zubereitet müssen sie alle sein.

Lebendiges Wasser

Fertig gebrühter Kaffee besteht zu 98 Prozent aus Wasser. Die in ihm enthaltenen Salze und Mineralstoffe fungieren als Geschmacksträger und übermitteln die Kaffeearomen. Kaffeewasser sollte reich an Mineralien und Sauerstoff sein, neutral und frisch schmecken. Hat das Wasser einen zu hohen Kalkgehalt mit leicht basischem »ph-Wert«, ist es zu »hart« und kann die feinen Fruchtsäuren neutralisieren: Der Kaffee schmeckt flach und undifferenziert. Ist das Wasser zu weich, mit eher saurem Charakter, wird die Säure des Kaffees übermäßig betont. Zudem quillt er dann besonders stark auf und kann den Wasserdurchfluss im Filter behindern.

Optimal ist Wasser mit einem ph-Wert von 7. In Apotheken bekommt man Teststreifen, mit denen man den ph-Wert bestimmen kann.

In zu hartem, kalkhaltigem Wasser können sich die Aromen des Kaffees nicht lösen. Ein Wasserfilter kann Abhilfe schaffen. Es gibt verschiedene Aufbereitungstechniken gegen unterschiedliche Probleme. So wirken z. B. Aktivkohlefilter gegen chlorhaltiges Leitungswasser, das dem Kaffee schon bei geringer Konzentration ein Schwimmbad-Aroma verleiht. Bei Wasserfiltern sollte man darauf achten, sie regelmäßig auszutauschen und sauber zu halten. Sonst können sie verkeimen und mehr schaden als nützen. Die richtige Wasserbeschaffenheit schont übrigens auch die Kaffeemaschine und erhöht ihre Haltbarkeit.

Vor der Kaffeezubereitung muss das Wasser kühl sein. Denn frisches, kaltes Leitungswasser schmeckt lebendiger als bereits vorgewärmtes. Es sollte so schnell wie möglich erwärmt werden, damit möglichst wenig Sauerstoff verloren geht. Die richtige Endtemperatur sind 89 °C bis 96 °C – also heiß, aber nicht kochend. Kaffee, der mit Wasser zubereitet wird, das den Siedepunkt überschritten hat, schmeckt gleichzeitig bitter und sauer.

Schonungslos direkt
Der Kannenaufguss

Die einfachste Methode einen Kaffee zuzubereiten ist, ihn in einem Gefäß – z. B. einer Kanne – mit heißem Wasser zu überbrühen. Über Jahrhunderte war diese Zubereitung in Europa sehr verbreitet. Die besten Ergebnisse erzielte man damit nicht: Der Genuss wurde vom groben Kaffeesatz getrübt. Der bleibende Kontakt des Kaffees mit dem Wasser ließ ihn besonders schnell bitter werden. Heute ist diese Zubereitung nur noch für die Profis interessant. Bei der Kaffeeverkostung, dem »Cupping«, ist der direkte Aufguss unverzichtbar. Man verwendet dafür einen mittleren bis groben Mahlgrad. Derart ehrlich aufgebrüht, schmeckt man auch kleinste Fehler und kann den eigentlichen Charakter der Bohnen bestimmen.

Gerade die feinen Fruchtsäuren des Arabica lassen sich so viel differenzierter erkennen.

Ein Kaffee, der als Aufguss gut schmeckt, ist in anderen Zubereitungen erst recht ein Hochgenuss!

Melitta Bentz

Der Duft der Kindheit
Die Filtermethode

Anfang des 20. Jahrhunderts hatte es die Dresdner Hausfrau Melitta Bentz satt, den groben Kaffeesatz mitzutrinken. Sie suchte nach Möglichkeiten das Getränk zu verfeinern. Schließlich bohrte sie einige Löcher in eine Blechdose, legte ein Löschblatt ihres Sohnes hinein und goss den Kaffee hindurch. Das schmeckte wunderbar! Die pfiffige Dresdnerin ließ sich die Handfiltermethode mit Papiereinsatz 1908 patentieren und ihr Vorname wurde zum Synonym für die Filtertüte. Der Melitta-Konzern entwickelte Porzellanfilter mit idealem Neigungswinkel und die spitz zulaufende Filtertüte.

Der von Hand aufgebrühte Filterkaffee ist für viele Generationen mit der Erinnerung an würzigen Kaffeeduft, die Großeltern und selbst gebackenen Kuchen verknüpft. Er kann elegant und harmonisch schmecken. Für diese Zubereitung muss der Kaffee mittelfein gemahlen sein. Man setzt den Filter auf die vorher angewärmte Kanne, legt die passende Filtertüte ein und feuchtet sie leicht an. Pro halbem Liter Wasser werden 4 bis 5 Teelöffel Kaffeemehl verwendet, die man schwallweise mit 90 bis 95 °C heißem Wasser übergießt.

Durch das Aufbrühen per Hand lässt sich die Stärke des Kaffees steuern: Wartet man einen Augenblick bis das Wasser abgelaufen ist und gießt erst dann den nächsten Schwall nach, haben die Kaffeearomen genügend Zeit umspült zu werden und sich in ihrer ganzen Fülle zu entfalten. Schüttet man dagegen zügig Wasser nach, lösen sich weniger Inhaltsstoffe. Von Hand gefilterter Kaffee erzählt deswegen nicht selten eine Geschichte vom momentanen Gemütszustand der Person, die ihn zubereitet hat. Er hat immer eine individuelle Note.

Der Nachteil der Methode ist, dass die meisten Kaffeeöle in der Filtertüte hängen bleiben. Sie sorgen als Geschmacksträger für das volle Aroma, sodass der eigentliche Charakter des Kaffees beim Filtern nicht so ausgeprägt zur Geltung kommt. Dennoch: Verwendet man ausgezeichnete Bohnen in der richtigen Mahlstufe und filtert den Kaffee von Hand, bekommt man ein filigranes, sensibles Geschmacksbild – ein eigenes Getränk, das viele lieben und das damit seine Berechtigung hat.

Eine Alternative sind Goldfilter. Sie verdanken den Namen ihrer Echtgoldauflage. Diese wieder verwendbaren Filter ohne Papiereinsatz lassen einen Teil der Kaffeeöle durch und erreichen so eine größere Aromenfülle. Der auf diese Weise zubereitete Kaffee ähnelt dem aus der Pressstempelkanne.

In den meisten Büros und Haushalten übernehmen elektrische Kaffeemaschinen das Kaffeekochen. In Deutschland werden jährlich sieben Millionen von ihnen verkauft. Sie unterscheiden sich durch Größe, Design und Bedienungsfreundlichkeit, funktionieren aber alle ähnlich: Das Wasser wird in einem Durchlauferhitzer erwärmt und durch die Hitze des Dampfes in ein Rohr gedrückt. Von dort aus läuft es auf das Kaffeepulver im Filter. Bei einigen elektrischen Maschinen lässt sich die Durchlaufgeschwindigkeit regulieren, manche ahmen das schwallweise Aufbrühen durch Intervalle nach.

Wichtig für den guten Geschmack des Getränks aus der Kaffeemaschine ist vor allem deren gründliche Reinigung. Kaffeeöle haften an Kunststoff besonders gut. Sie können ranzig werden und das Aroma verfälschen. Der Wassertank verkalkt gern. Außerdem kommt es auch für Kaffee aus der Maschine auf die Hochwertigkeit des Kaffeemehls an. Es sollte frisch geröstet und gemahlen sein. Bei dieser Zubereitung ist es besonders wichtig, dass der Kaffee sofort getrunken wird. Steht er länger als 30 Minuten auf der Warmhalteplatte, raubt ihm das jedes Aroma. Am besten ist es, immer wieder kleine Mengen zuzubereiten oder, sollte das nicht möglich sein, den Kaffee in eine Thermoskanne umzufüllen.

Pressstempelkanne
Der volle Geschmack

Die Pressstempelkanne ist die perfekte Weiterentwicklung des simplen Aufgusses – mit all seinen Vorteilen und ohne seine Nachteile: Der störende Kaffeesatz wird nach der Extraktion, wenn er seinen Geschmack abgegeben hat, durch das Herunterdrücken eines Siebes von dem Getränk getrennt. Die Kaffeeöle bleiben dabei erhalten – und mit ihnen das volle Aroma.

Der Charakter des Kaffees wird bei dieser Zubereitung besonders gut deutlich, sodass sie eine der besten Methoden ist, um einen hochwertigen Spezialitätenkaffee zur Geltung zu bringen.

Die Cafétière oder French Press, wie die Mitte des 19. Jahrhunderts in Frankreich erfundene Kanne auch heißt, wird mit 4 bis 5 TL Kaffee pro halbem Liter Wasser befüllt, der einen groben Mahlgrad haben sollte. Er wird bis kurz unter den oberen Rand mit heißem (nicht kochendem) Wasser aufgegossen und umgerührt. Nach 4 bis 5 Minuten »Extraktionszeit« drückt man vorsichtig das Sieb herunter und genießt den intensiven Kaffeegeschmack. .160

Auch in der Pressstempelkanne zubereiteten Kaffee sollte man innerhalb von 30 Minuten trinken. Sonst kippt sein Geschmack um und wird bitter. Ein Nachteil, der deswegen eigentlich keiner ist: In der Glaskanne, in der der Bistrokaffee meistens aufgegossen wird, kühlt er schnell aus – allerdings nur, sofern er nicht vorher schon getrunken wurde. Um auch während des Trinkgenusses die Wärme konstant zu halten, gibt es inzwischen dickwandige Edelstahlkannen als Pressstempelkannen.

Kaffee.

Hamburg, den 21. Juni 1926.

Hamburg, den 19. Juni 1926.
Das Geschäft blieb während der ganzen Woche ziemlich
ruhig, doch waren feine und feinste Qualitäten

Mokka
Ein Moment Urlaub

Am Ende jedes Mokkagenusses berührt etwas von dem samtig-weichen Kaffeesatz die Lippen des Genießers – und stört nicht. Denn der Mahlgrad für »Mokka« ist der allerfeinste. Die einzelnen Körner sind kaum noch zu erkennen. Seine feine Mahlung erinnert an weichen Sandstrand. Das mag einer der Gründe sein, warum Mokka bei denen, die ihn hierzulande trinken, Urlaubsgefühle auslöst. Ein anderer ist, dass die Zubereitung in Deutschland nicht sehr verbreitet ist.

.163

Dabei ist diese Zubereitung eigentlich die Ursprünglichste. In Teilen Afrikas, im Nahen Osten, der Türkei und Griechenland gehört sie selbstverständlich zum Alltag. Komplizierte Geräte braucht man dazu nicht. Jeder, der einen schmalen kleinen Topf hat, kann Mokka kochen. Dazu gibt man pro Person ein Mokkatässchen voll Wasser, einen Teelöffel Zucker und einen Teelöffel feinstes Mokkamehl in den Topf. Die Mischung umrühren und zum Kochen bringen. Sobald sie überzulaufen droht, nimmt man sie vom Herd und lässt sie absinken. Der Mokka ist jetzt fertig, je nach gewünschter Intensität kann man ihn aber auch noch bis zu zweimal aufkochen.

Der konzentrierte braune Trank wird samt Kaffeesatz, unter leichtem Schwenken des Topfes, in die Tässchen gegossen. So bekommt jeder etwas von dem Schaum ab, der sich auf der Oberfläche gebildet hat. Vor dem Trinken sollte man einige Sekunden warten, bis der Kaffeesatz abgesunken ist. Mokka wird getrunken, bis man mit den Lippen auf den Satz stößt.

Die Zubereitung des Mokkas variiert von Land zu Land etwas: In Äthiopien ist sie Teil der traditionellen Kaffeezeremonie, in Ägypten kocht man zerstoßene Kardamomkapseln oder Zimtstangen mit. Im Libanon wird dunkel gerösteter Kaffee für die Mokkamahlung bevorzugt, obwohl überall sonst eine helle Röstung für Mokka verwendet wird. Der kleine schmale Mokkatopf mit dem langen Stil heißt in der Türkei »Cezve«, in Griechenland »Ibrik« oder »Briki«.

.160
.162
.158

Im orientalischen und kleinasiatischen Raum sind zur Mokkazubereitung auch Metallkannen mit Ausguss und Deckel in Gebrauch, die man ebenfalls auf den Herd setzt. Um das Mokkapulver so fein zu mahlen wie es sein soll, werden auch noch traditionelle Mokkamühlen eingesetzt, die aussehen wie schmale Pfeffermühlen.

Mokkamehl bekommt man, außer in manchen Kaffeefachgeschäften, auch fertig gemahlen in türkischen oder griechischen Lebensmittelläden. Auf keinen Fall sollte man sich einreden lassen, dass auch der Espressomahlgrad für die Zubereitung von Mokka ausreicht. Die Mahlung für Mokka ist sehr viel feiner und der Röstgrad um einiges heller.

Wer ungewöhnliche Freizeitvergnügungen mag, kann mit Mokka das berühmte »Kaffeesatz lesen« üben. Für das Ende des 17. Jahrhunderts vor allem bei Wahrsagerinnen aus Südeuropa beliebt gewordene Orakel, muss die Person, deren Zukunft erforscht werden soll, den noch nassen Mokkasatz mit dem Finger umrühren. Aus den Figuren, die sich während des Trocknens bilden, werden Deutungen gelesen. Eine Variante ist, die Tasse mit dem noch flüssigen Kaffeesatz auf einer Untertasse umzudrehen und aus den Schlieren, die sich in der Tasse bilden, zu lesen.

Espresso
Der Verwandlungskünstler

Espresso, das neue Lieblingsgetränk der Deutschen, hat hierzulande inzwischen den Filterkaffee abgelöst. Seit 1995 hat sich der Espressoverbrauch auf mehr als 25.000 Tonnen vervierfacht.

Auch als sich in europäischen und amerikanischen Haushalten längst der Kaffee aus der Filtermaschine durchgesetzt hatte, blieben die Italiener als einzige Europäer ihrem morgendlichen Ritual treu, Espresso auf dem Herd zu kochen. Die zweiteilige Espressokanne funktioniert im Grunde nach dem gleichen Prinzip wie eine Espressomaschine. Das Wasser wird nicht gekocht, sondern zischt mit Druck durch das komprimierte, fein gemahlene Kaffeemehl.

Für Espresso aus der Kanne füllt man den unteren Teil bis zum Sicherheitsventil mit Wasser, gibt das Espressomehl in den Siebeinsatz und drückt es mit dem Teelöffel fest. Die Kaffeereste werden mit dem Finger vom äußeren Rand des Siebeinsatzes abgestrichen, der dann wieder in die Kanne eingesetzt wird. Wenn beide Teile fest miteinander verschraubt sind, kann man den Kaffee bei mittlerer Hitze direkt auf dem Herd zubereiten. Beim Gasherd muss dafür die Espressokanne auf das Gitter der kleinsten Flamme passen. Klappt das nicht, hilft ein kleiner metallener Rahmenadapter. Man bekommt ihn am besten im Urlaub – für wenig Geld an Haushaltswarenständen italienischer Wochenmärkte.

Der Wasserdampf steigt in der Espressokanne durch ein Rohr nach oben. Dabei wird er durch das Espressomehl gedrückt. Sobald erste Zischgeräusche anzeigen, dass das Wasser steigt, reduziert man die Hitze. Ein periodisches Blubbern signalisiert, dass die Kanne vom Herd genommen werden kann. Wer sicher gehen möchte, dass der Kaffee fertig ist, kann gegen Ende der Zubereitung den Kannendeckel lüften und zusehen, wie der Kaffeepegel im oberen Topf steigt.

Der Nachteil der Espressokanne ist, dass sie keine Crema erzeugt. In den Siebträgermaschinen der Profis wird das Wasser auf 92 bis 95 °C erhitzt und unter sehr hohem Druck durch das Espressomehl gepresst. Dabei entsteht eine dünne Schaumschicht, die begehrte Crema. Dieser weiche Film aus Schaum streicht über die Oberlippe, bevor man zum ersten Schluck des warmen Kaffees vordringt.

Ist die »Crema« zu hell, kann z. B. der Mahlgrad zu grob oder die Brühtemperatur zu niedrig gewesen sein. Das passiert manchmal beim ersten Espresso nach langer Standzeit, wenn die Maschine noch kalt ist. Der Kaffee ist unterextrahiert, hat seine Aromen nicht ausreichend an das Wasser abgeben können. Ist die Crema zu dunkel, zeigt sich das besonders an dunklen Rändern am Tassenrand. Der Kaffee ist überextrahiert. Gründe dafür können z. B. eine zu hohe Brühtemperatur oder ein zu feiner Mahlgrad sein. Die perfekte Crema erkennt man an ihrer haselnussbraunen, leicht marmorierten Oberfläche – man spricht auch von einer Tigerzeichnung. Der Kaffee ist lückenlos von Schaum bedeckt, der mindestens drei Minuten halten muss. Löst er sich zu schnell auf, kann das ein Zeichen dafür sein, dass der Druck der Maschine zu niedrig ist. Oder die Espressotassen waren kalt. Wegen der schönen Crema, und weil warmer Kaffee einfach besser schmeckt, sollte man die kleinen Tassen immer vorwärmen.

Um einen aromatischen Espresso aus der Siebträgermaschine zu erhalten, ist es außerdem wichtig, das Kaffeemehl gleichmäßig im Sieb zu verteilen und gut anzupressen. Wasser sucht sich immer den einfachsten Weg. Ist zu wenig Kaffee im Brühsieb, kann es ihn aufspülen. Ist der Kaffee ungleichmäßig verteilt, kommen manche Bereiche des Kaffeekuchens überhaupt nicht mit dem Wasser in Kontakt.

Der große Druck bringt die Kaffeeöle komprimiert in die Tasse. Dadurch schmeckt Espresso samtig und intensiv aromatisch. Viele Röster bieten eigens dafür entworfene Espressomischungen an. Denn edle »Arabicas«, deren feine Fruchtsäuren ein Hochgenuss sein können, schmecken als konzentrierter Espresso manchmal zu säureintensiv. Man kombiniert sie daher gern mit milden Sorten. Auch »Robusta« ist für Espresso-Mischungen beliebt, denn die Bohnen enthalten weniger Kaffeeöl. Sie sorgen so für eine besonders stabile Crema. Der Vorteil von Espresso ist sein voller Geschmack bei optimaler Verträglichkeit: Durch den kurzen Kontakt des Wassers mit dem Kaffeemehl, enthält er deutlich weniger »Koffein« und Säure als z. B. Filterkaffee. Wegen des hohen Drucks kann der Kaffee trotzdem alle seine Aromen ans Wasser abgeben.

Die richtige Bedienung der Siebträgermaschine ist eine komplizierte Angelegenheit. Vollautomaten mahlen und brauen Espresso auf Knopfdruck. Geschmacklich reichen sie nicht an einen gut zubereiteten Espresso aus der Siebträgermaschine heran. Aber dort, wo viel Kaffee getrunken wird und wenig Zeit vorhanden ist, wie z. B. im Büro, können sie gute Dienste leisten.

Der perfekte Milchschaum

»Milchmixgetränke« sagen die Profis zu Cappuccino & Co. – die ihnen zugrundeliegende Zubereitung ist Espresso. Erst durch die heiße Milch und den Milchschaum wird er zu Cappuccino. Cremig sollte der Schaum sein, so wie leicht geschlagene Sahne. Grober, großporiger und starrer Milchschaum vermischt sich nicht mit der Crema des Espresso. Die beiden Geschmäcker stehen nebeneinander, statt sich zu verbinden.

Um einen perfekten Schaum zu erzeugen, spielt der Fettgehalt der Milch keine Rolle. Aufgeschäumt wird das Eiweiß, nicht das Fett. Ob man Vollfett-, Halbfett- oder H-Milch, Kuh-, Ziegen- oder Sojamilch verwendet, ändert geschmacklich einiges, ist aber für den Milchschaum irrelevant. Über seine Konsistenz entscheidet der Proteingehalt der Milch, den man auf der Packung nachlesen kann. Er sollte 3,4 bis 3,6 Gramm pro Liter betragen.

Entscheidend ist außerdem die Temperatur der Milch, die am Anfang 4 bis 8 °C betragen sollte. Ist sie wärmer, erreicht sie die Endtemperatur von 62 bis 65 °C zu schnell. Man hat dann keine Chance, in der Zeit in der die Milch warm wird, auch den Schaum in Form zu bringen. Weil bei über 65 °C das Milcheiweiß gerinnt und der Schaum zusammenfällt, muss man diesen Wettlauf unbedingt gewinnen.

Sehr wichtig ist auch der Behälter, den man zum Aufschäumen der Milch verwendet. Am besten eignen sich schmale kleine Edelstahltöpfe oder spezielle Aufschäumkannen, die es in verschiedenen Größen gibt. Sie werden bis kurz unter den Ausguss befüllt. Zu wenig Milch lässt sich nicht richtig in Bewegung bringen, zu viel Milch lässt keinen Platz für den Schaum und schwappt über.

Profis schäumen die Milch mit heißem Wasserdampf auf. Dazu benutzt man die Dampfdüse der Espressomaschine. Sie muss mindestens vier Löcher haben, um die Milch schnell genug ins Rollen zu bringen. Für den Hausgebrauch eignen sich außerdem spezielle Rührstäbe oder Kannen mit manuellem Milchschäumer. In ihnen wird die Milch durch die Auf- und Abwärtsbewegung eines integrierten Pressstempels gequirlt.

Milchschaum entsteht, wenn sich die Milchproteine mit Luft vermischen. Dazu muss man zuerst Luft in die Milch bringen, indem man die Dampfdüse wenige Millimeter unter die Oberfläche hält. Es zischt laut, die Milch wirft große Blasen und der Schaum wächst an. So bestimmt man die gewünschte Schaummenge. Ist sie erreicht, geht es darum, aus grobem Schaum feinste Bläschen zu machen. Dazu taucht man die Dampfdüse tiefer in die Milch. Ist die richtige Position erreicht, ist kein Geräusch mehr zu hören. Die Milch wird verquirlt, bis sie eine cremige Konsistenz hat. Wenn die Hand die Kannenwand umschließt, kann man die optimale Temperatur des Milchschaums spüren: Wird es zu heiß an der Hand, ist der Schaum fertig.

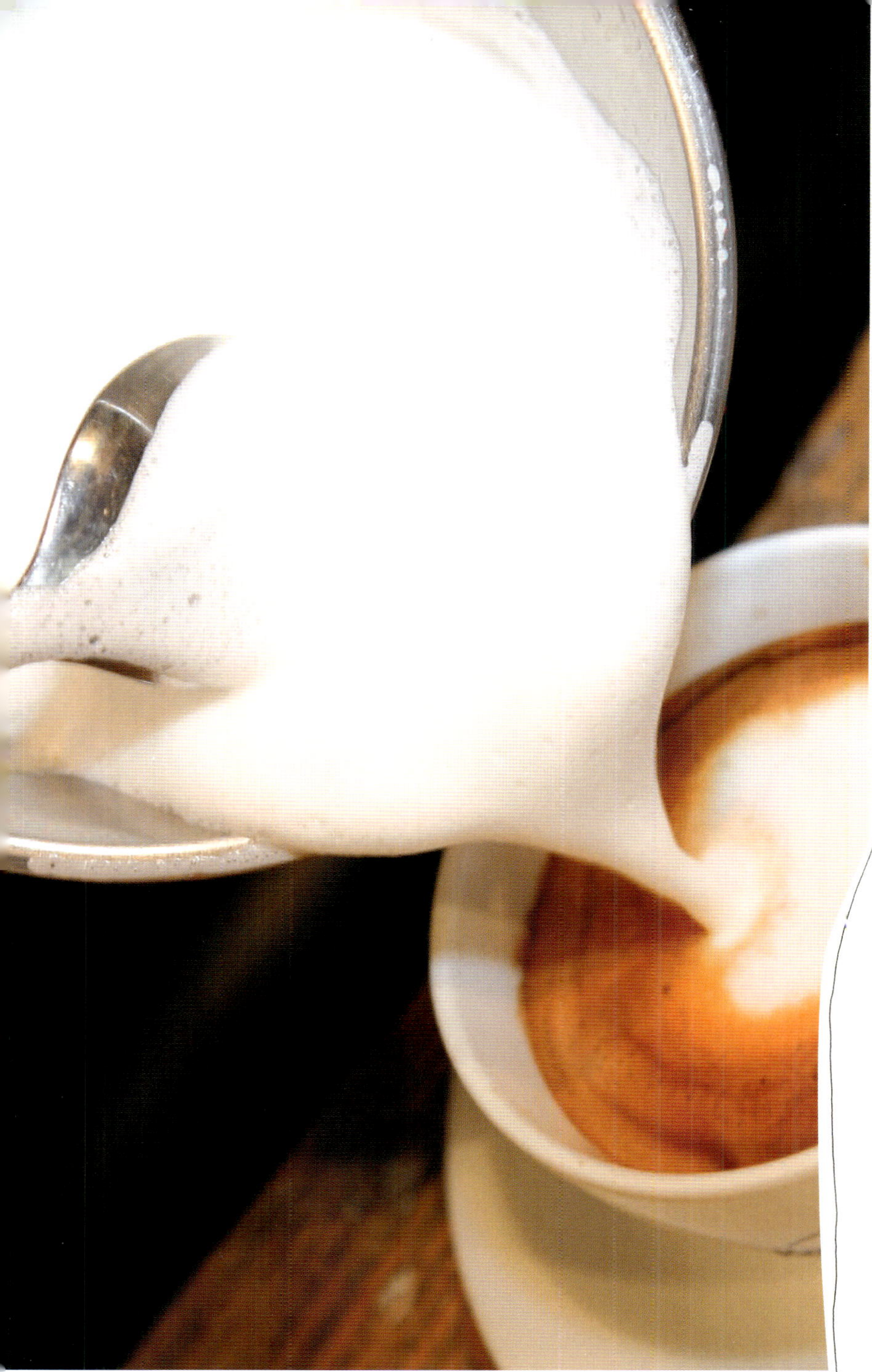

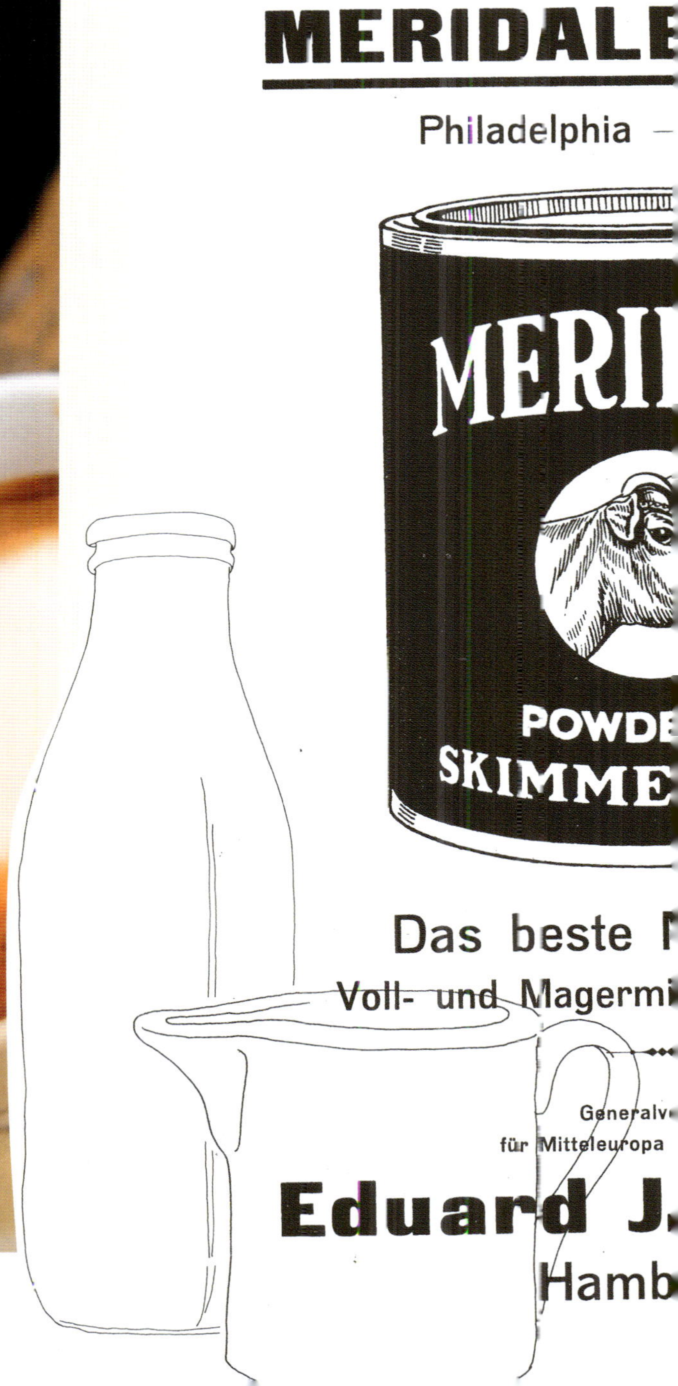
MERIDALE
Philadelphia –
MERI
POWDE
SKIMME
Das beste
Voll- und Magermi
Generalv
für Mitteleuropa
Eduard J.
Hamb

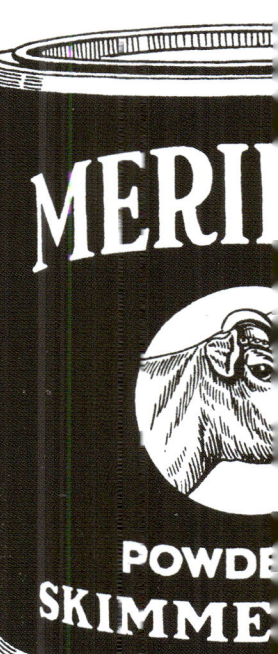

Schümli, Melange & Co.

»Ich konnte immer in ein Café gehen und schreiben und konnte den ganzen Vormittag bei einem Café creme arbeiten, während die Kellner das Café säuberten und ausfegten und es nach und nach wärmer wurde …«

ERNEST HEMINGWAY

Aus Italien

ESPRESSO • Das Wasser zischt in 25 bis 30 Sekunden durch den komprimierten Kaffee. Das Ergebnis ist ein kleiner starker Kaffee. Kommt er aus der Maschine, sollte die Crema etwa 10 Prozent des Getränks ausmachen. Ihre Oberfläche muss geschlossen sein.

LUNGO • Espresso, der mit heißem Wasser verlängert wurde. Inzwischen ist in Italien auch die eigentlich amerikanische Bezeichnung »Caffé americano« dafür gebräuchlich.

RISTRETTO • Espresso mit weniger Wasser.

DOPPIO • Doppelter Espresso.

CAPPUCCINO • Espresso mit Milch und Milchschaum aufgegossen. Sein Name geht auf die braun-weiße Kutte der Kapuzinermönche zurück.

CAFÉ MACCHIATO • Espresso mit einem Häubchen aus Milchschaum.

LATTE MACCHIATO • »Macchiato« heißt »Fleckchen«. Gemeint ist ein Glas voll heißer Milch, mit einem Espresso »gefleckt«. Damit ein dreistöckiges Mischgetränk aus Milch, Kaffee und Schaum entsteht, muss die Milch etwas kälter sein als der Espresso.

CAFFÉ LATTE • Die italienische Version des Milchkaffees. Zubereitet aus Espresso, der mit heißer Milch aufgefüllt wird. Er hat nur eine dünne Milchschaumschicht und sollte in einer Milchkaffeetasse serviert werden.

. Cappuccino

. Latte macchiato

. Einspänner

. Schümli

Aus Österreich

KLEINER SCHWARZER • Wie der Name sagt: klein und schwarz. Manchmal Espresso, manchmal Filterkaffee, manchmal türkischer Mokka.

GROSSER SCHWARZER • Ein starker Kaffee in einer großen Tasse.

VERLÄNGERTER • Kleiner Schwarzer, der mit heißem Wasser verlängert wird.

KONSUL • Großer Schwarzer mit etwas Sahne.

BRAUNER • Kaffee mit einem Gemisch aus Sahne und Milch aufgegossen. Auch als »Großer Brauner« und »Kleiner Brauner«.

MELANGE • Österreichischer Milchkaffee, zur Hälfte Kaffee und Milch. Manchmal auch mit einem Anteil Sahne statt Milch zubereitet.

EINSPÄNNER • Ein schwarzer Kaffee mit Sahnehaube, im Glas serviert.

KAFFEE VERKEHRT • Milchkaffee mit mehr Milch als Kaffee – also verkehrt herum.

Aus der Schweiz

SCHÜMLI • Im Kolbenautomaten zubereiteter Kaffee mit Crema, der ansonsten geschmacklich eher dem Filterkaffee ähnelt. Es gibt eigens dafür kreierte Kaffeemischungen. Es wird kein Espressomehl verwendet. »Schümli« heißt er nur in Deutschland, in der Schweiz wird er »Café natur« genannt.

CAFÉ NATUR • So wird frisch gemahlener schwarzer Kaffee aus dem Kolbenautomaten in der Schweiz genannt. Das, was wir in Deutschland »Schümli« nennen.

CAFÉ CRÈME • Kaffee mit Kaffeesahne.

. Café au lait

Aus Frankreich

CAFÉ AU LAIT • Zu gleichen Teilen Filterkaffee und heiße
Milch. Ohne Milchschaum in einer Schale serviert, der »bol«.

CAFÉ CRÈME • Espresso mit der gleichen Menge heißer
Milch.

CAFÉ NATURE • Bezeichnet in Frankreich einen schwarzen
Kaffee.

CAFÉ SERRÉ • Etwa vergleichbar mit Espresso.

Kaffee.

Hamburg, den 21. Juni 1926.

Während der verflossenen Woche verkehrte der Markt in
fester Haltung. Brasilien konnte während der letzten beiden
Wochen 189090 Sack nach den Vereinigten Staaten deklarieren,
und scheint das Heft fester denn je in der Hand zu haben.
Auch der Wechselkurs auf London zeigte eine feste Tendenz,
so erschienen zu Beginn der verflossenen Woche in einigen
Tageszeitungen Nachrichten, die besagen, daß der Rio-
Wechselkurs auf 9 d stabilisiert werden soll. Scheinbar hat
die Londoner Börse hierauf etwas reagiert, denn der Kurs
stieg weiter langsam auf 7³/₄ d. Besonders fest ist der Markt
in Rio, gewöhnliche R os notieren heute für New-York Type
5 etwa 95/—, während Santos Superior Basis 104/— notiert.
Es ist beachtenswert, wie fest Santos bleibt, besteht doch
der hauptsächliche Weltkonsum zur Zeit in Gewaschenen,
letztere dürften jedoch baldigst aufgebraucht sein, und wenn
der Konsum dann in erhöhtem Maße auf Santos zurückgreift,
dürften alle Importkreise vermehrte Orders für Santos abgeben und den Markt dadurch weiter befestigen

(John F. W. Marcus & Co., Hamburg).

Hamburg, den 22. Juni 1926.

Der Weltmarkt lag in der letzten Woche unerwartet entschieden fester. Beeinflußt durch die höheren
Wechselkurse und Reispreise hielt insbesondere Brasilien
sehr fest auf Preis und lagen die Offerten von dort teilweise
bis zu 2 s höher, ohne daß es jedoch zu größeren Abschlüssen kam. Die Auswahl in feinen gewaschenen Kaffees
ist nicht mehr so groß und man hat daher viel auf feine
Santos-Kaffees zurückgegriffen und konnte das umsomehr,
als gerade jetzt besonders gute Santos-Kaffees abgeladen
sind. Auch das hat sehr zur Befestigung der Brasil-Märkte
beigetragen und wird in den nächsten Wochen noch mehr
zum Ausdruck kommen. Die Offerten aus Zentralamerika
lagen ebenfalls etwa ¹/₂ Dollar höher und hielt sich das Geschäft mit dort in mäßigen Grenzen. Die New Yorker und
Hamburger Terminmärkte mußten der allgemeinen Weltlage
folgend ihre Notierungen gleichfalls heraufsetzen.
Der Hamburger Platz wie auch das
deutsche Inland bewahrten gegenüber diesen
erhöhten Preisen bisher noch Zurückhaltung, sodaß das Geschäft um mäßigen Umfang annahm. Es steht jedoch zu erwarten, daß die Käuferschaft die neuen Preise akzeptieren
muß, da für eine Abschwächung nach Stand der Dinge wenig
Aussichten bestehen.

Hamburger Lokopreise der Woche

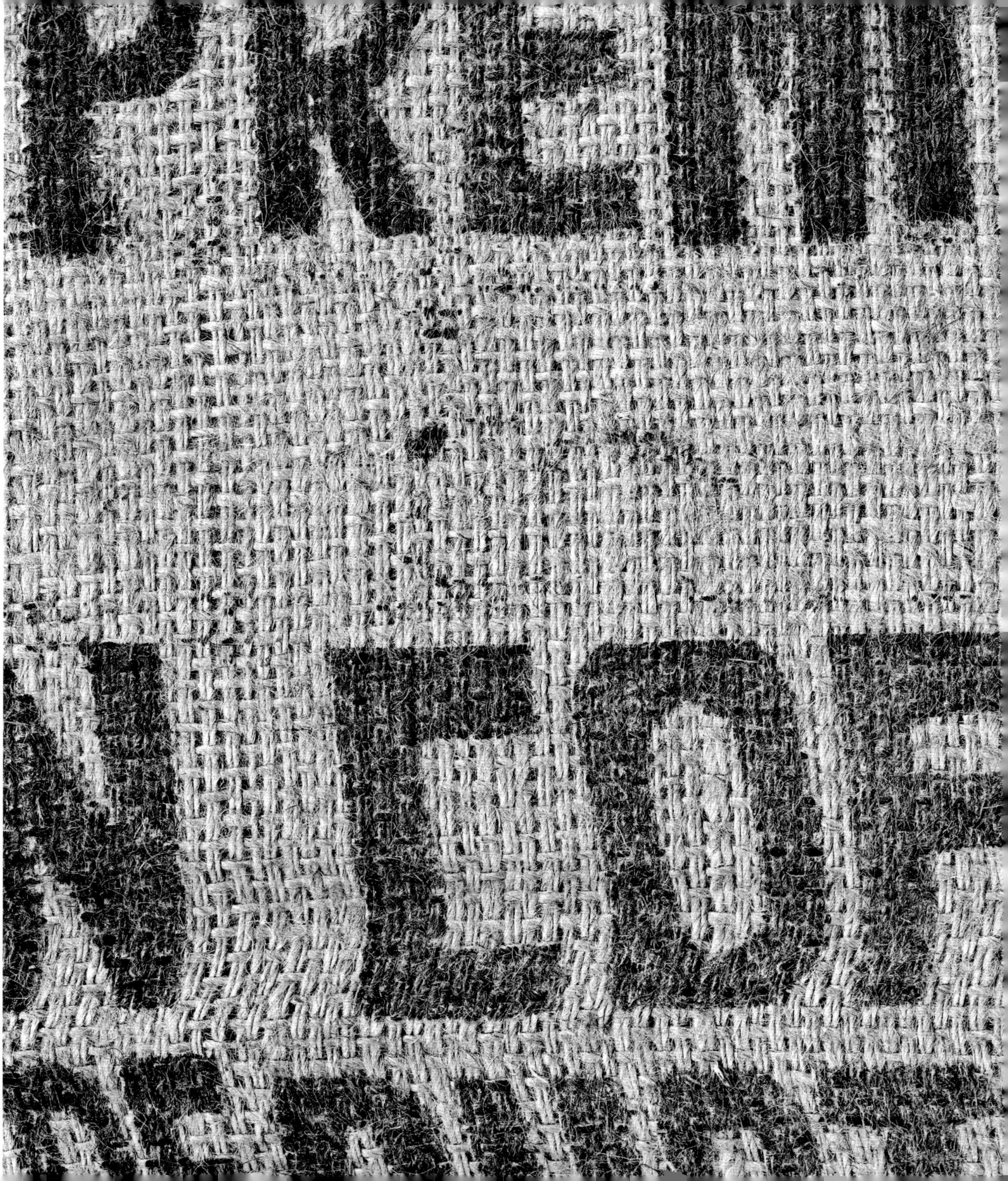

WIE GESUND IST KAFFEE?

Coffein nicht harmlos ist, hat die Wissenscha[...]
nachgewiesen, hat die Praxis bezeugt und gebe[...]
die Kaffeeleute, wie oben erwähnt, in ihrem Flu[...]
blatt selbst zu.

Wenn man den Preis von Coffein mit dem d[...]
Kaffees vergleicht, so ist das Erstere ohne Fra[...]
das wertvollere; wenn es aber um die Gesundh[...]
geht, dann ist das das wertvollere, was das g[...]
sündere ist. Und wenn ein Nahrungsmittel od[...]
Genußmittel einer fabrikatorischen Behandlu[...]
unterworfen werden muß, um es bekömmlicher [...]
machen, so erfordert dies eben Unkosten, und we[...]
als Ausgangsmaterial nur Gutes verwendet w[...]
und dem Wiederverkäufer ein angemessener Nutz[...]
zuteil werden soll, so tritt eben eine Verteueru[...]
ein, wie jeder Kaufmann, der guten Willens [...]
leicht zugestehen wird und der vernünftige Käu[...]
ohne weiteres einsieht.

Die zweite Kampfmaßnahme sind Siegelmark[...]
die lauten: „Kaffee ohne Coffein gleicht ein[...]
Auto ohne Benzin." Ich muß gestehen, daß [...]
zunächst nicht glauben konnte, daß eine sol[...]
Banalität ohne Geist und Witz von einem V[...]
band von Geschäftsleuten, herausgegeben wor[...]
ist. (Nebenbei: es gibt ausgezeichnete Autos o[...]
Benzin!).

Der Verband mutet nun seinen Mitglied[...]
zu, derartige Flugblätter und Siegelmarken zu [...]
teilen, d. h. er verlangt von einem Kaufmann, [...]
eine Ware führt und verkauft und daran sei[...]

»Kaffee dehydriert den Körper nicht. Sonst wäre ich schon Staub.«

Seit es Kaffee gibt, währt auch der Streit darüber ob er dem Körper schadet oder nützt.

Ist er gut fürs Herz oder schlecht? Hält er wach oder hilft er beim Einschlafen?

Entzieht er dem Körper Flüssigkeit oder nicht? Zahlreiche Forschungen haben im Laufe

der Jahrhunderte das eine oder andere belegt. Ein guter Rat ist, auf das eigene Körperge-

fühl zu vertrauen. Denn ob Kaffee gerade gut tut oder nicht, ist auch eine Frage der

Tageszeit und der eigenen Verfassung. Dem einen kann schaden, was dem anderen nützt.

Als Faustregel gilt jedoch: Gesunde Menschen können bis zu vier Tassen pro Tag trinken –

dann überwiegen die positiven Eigenschaften des Muntermachers.

> *»Nichts ist an sich Heilmittel oder Gift,*
> *alles hängt von der verabreichten Dosis ab.«*
>
> PARACELSUS

Getränk
für Geistesblitze

Den wahrscheinlich aufwändigsten Versuch nachzuweisen, dass Kaffee schadet, unternahm König Gustav III. von Schweden (1746–1792). Er begnadigte zwei zum Tode verurteilte Zwillingsbrüder: Einer von ihnen musste täglich eine Tasse Tee, der andere eine Tasse Kaffee trinken – unter strenger Aufsicht von zwei Professoren. Nach einigen Jahren starb der erste Professor, dann der nächste, der König wurde ermordet. Die beiden Sträflinge jedoch tranken weiter ihre Heißgetränke, bis sie im hohen Alter eines natürlichen Todes starben.

Was ist drin im Kaffee? Was geschieht im Körper bei seinem Genuss? Seine über 800 verschiedenen Inhaltsstoffe haben überwiegend positive Effekte auf den Organismus. Zu ihnen gehören Proteine, Kohlenhydrate, Fette, Mineralstoffe und Vitamine. Kaffee kann also Teil einer ausgewogenen Ernährung sein. Die meisten trinken ihn jedoch vor allem wegen seiner belebenden Wirkung. Sie wird vom »Koffein« ausgelöst, das auf das zentrale Nervensystem wirkt. Die Herztätigkeit wird angeregt, die Körpertemperatur steigt leicht, Bronchien und Blutgefäße werden etwas weiter. Das Koffein lässt die Kalzium-Konzentration im Gehirn steigen. .163

Das löst aus, was alle Kaffeetrinker kennen: Kaffee macht wach, ohne den Verstand zu beeinträchtigen. Er aktiviert den ganzen Organismus und schärft die Wahrnehmung. Die Gehirntätigkeit wird stimuliert, die Aufmerksamkeit verbessert, der geistige Austausch schneller, klarer und lebendiger. Konzentrations-, Reaktions- und Lernfähigkeit nehmen zu. Nicht ohne Grund war Kaffee schon immer das Lieblingsgetränk von Schriftstellern, Philosophen und Intellektuellen.

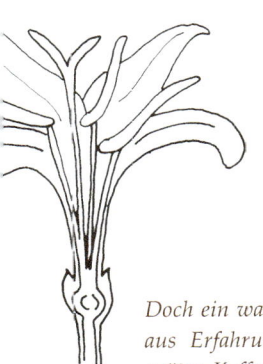

Doch ein wacher Geist stört beim Einschlafen – das weiß jeder aus Erfahrung. Manche bringt der Gehirnzirkus nach dem späten Kaffeegenuss um den Schlaf. Andere schlafen nach einer Tasse Kaffee besonders gut. Die Lösung dieses Rätsels ist: Kaffee fördert die Durchblutung des Gehirns und aktiviert dabei auch das Schlafzentrum. Bei einigen Menschen wird seine anregende Wirkung dadurch aufgehoben oder sogar umgekehrt – dann ist Kaffee für sie ein Schlummertrunk.

Die belebende Wirkung tritt nicht sofort ein. Erst nach etwa einer halben Stunde ist sie zu spüren. Nach anderthalb Stunden erreicht sie ihren Höhepunkt und baut sich danach in bis zu fünf Stunden wieder ab. Dabei spielt übrigens der Blutdruck entgegen vieler Vermutungen kaum eine Rolle. Bei Menschen die regelmäßig Kaffee trinken wird eine minimale bis gar keine Wirkung auf den Blutdruck gemessen. Wer sehr lange Zeit keinen Kaffee getrunken hat, hat kurz danach einen leicht erhöhten Blutdruck, der sich jedoch schnell wieder normalisiert.

Auch dass Kaffee Herz und Kreislauf schadet, kann man getrost vergessen. Studien an Tausenden von Versuchspersonen belegen, dass Koffein nicht das Risiko erhöht, an Herzkrankheiten zu erkranken. Nur wer bereits an Herzrhythmusstörungen leidet, sollte auf Kaffee verzichten. Koffein stimuliert die allgemeine Muskeltätigkeit – das betrifft auch den Herzmuskel. Das deutlicher zu spürende Pumpen des Herzens schadet jedoch gesunden Menschen nicht. Bei maßvollem Genuss von bis zu vier Tassen sollte es ohnehin ausbleiben.

Genießer mit sehr hohen Cholesterinwerten sollten die Zubereitung wechseln. Die Pressstempelkanne hat zwar den Vorteil, dass sich darin das Aroma, das in den ›ätherischen Ölen‹ .158 der Kaffeebohne enthalten ist, optimal entfaltet. Die Kaffeefette haben jedoch auch den höchsten Cholesterinanteil. Wieder gilt: Auf die Menge kommt es an. Wer sehr aufs Cholesterin achten muss, kann auf Filterkaffee umsteigen. Die Kaffeeöle bleiben fast vollständig im Papier hängen – allerdings auch ein Teil des Geschmacks.

Sogar das hartnäckige Vorurteil, Kaffee sei ein Wasserräuber, ist inzwischen ausgeräumt. Er regt die Nierentätigkeit leicht an, was den Harndrang erhöht. Bei regelmäßigem Kaffeegenuss ist dieser Effekt aber so minimal, dass er kaum messbar ist. Aktuelle Studien haben ergeben, dass die harntreibende Wirkung des Kaffees mit der von Wasser vergleichbar ist. Wer ganz sicher gehen will, kann ein Glas Leitungswasser zum Kaffee trinken, das schadet nie.

Magen und Darm geht es mit Kaffee ausgesprochen gut. Sie werden beweglicher, die Verdauung wird angeregt. Das wusste schon der Arzt J. N. Laguerre, als er 1818 schrieb: »Die beste Zeit, um Kaffee in Wasser gelöst zu trinken, ist sicherlich nach dem Essen, denn dieses Getränk vermischt sich mit der Nahrung und wirkt außerordentlich günstig auf die Verdauung«. Die stimulierende Wirkung des Koffeins und einige Röststoffe bringen die Verdauung am Morgen auf Trab. Der Kaffee nach dem Essen regt die Gallentätigkeit und die Produktion von Magensäure an. Bei einem mäßigen Genuss von bis zu vier Tassen am Tag verringert er sogar das Risiko Gallensteine zu bekommen um 25 Prozent. Empfindlich reagieren einige Kaffeetrinker lediglich auf die Säuren. Dann kann der schnell gebrühte Espresso oder auch »Schonkaffee« eine .165 Alternative sein.

Über 80 verschiedene Säuren sind im Kaffee nachweisbar. Sie sind vermutlich für viele seiner positiven Eigenschaften verantwortlich. So besagen neuste Forschungen, dass die im Kaffee enthaltene Chlorogensäure verhindert, dass sich Karies auslösende Bakterien auf der Zahnoberfläche ansiedeln. Chlorogensäure bindet offenbar auch freie Radikale an sich, was bösartigen Zellveränderungen vorbeugen kann. Ein Schutz vor Dickdarm- und Leberkrebs wird angenommen.

Auch die sportliche Leistungsfähigkeit steigt. Koffein aktiviert die Fettverbrennung und liefert dadurch Energie. Der Kalorienverbrauch steigt, die Muskelspannung erhöht sich. Wer abnehmen will, und sonst gesund und fit ist, kann also ruhig einen Espresso ohne Zucker vor dem Sport trinken: Die Inhaltsstoffe des Kaffees fördern die Fettverbrennung im Stoffwechsel, er ist damit auch ein Schlankmacher!

Gesicherte Erkenntnisse gibt es über die schönste Wirkung des Kaffees: Er hebt die Stimmung! Denn er regt die Ausschüttung des Gute-Laune-Hormons Serotonin im Gehirn an, das auch beim Sport oder beim Sex für Glücksgefühle sorgt.

DAS KAFFEE-MENÜ

»Man lässt sich im Café Florian nieder, in kleinen Räumchen mit Spiegeln … man hält die Augen halb geschlossen und lässt sich innerlich von den Bildern des Tages leiten, die sich zusammenfinden und sich verwandeln wie in einem Traum, man lässt wohlschmeckende Sorbets auf der Zunge zergehen, dann erwärmt man sie mit einem köstlichen Kaffee, so wie man ihn nirgendwo anders findet.«

HIPPOLYTE TAINE

Kaffee ist nicht nur ein Getränk. Seine Würze verleiht dunklen Fleischsaucen eine geheimnisvolle Tiefe. Desserts werden durch einen Hauch Kaffee raffiniert und exotisch. Und wer kann einer köstlichen Mokka-Torte widerstehen?

Stellen Sie doch mal ein Menü ganz unter das Motto des Kaffees: Das dunkle Geheimnis ist in jedem der Gänge versteckt!

Fischragout
mit Wein und Kaffee
Für 4 Personen

500 g	*gemischte Weißfischfilets*
	(z. B. Seezunge, Kabeljau, Steinbeißer)
1	*doppelter Espresso*
200 ml	*Chardonnay*
1	*Zwiebel*
1	*kleine Zucchini*
je 1	*rote und gelbe Paprikaschote*
500 g	*Tomaten*
50 g	*Butter*
je 200 ml	*Kalbs- und Fischfond*
2	*Knoblauchzehen*
1 EL	*Madeira*
1 Bund	*Basilikum*
100 g	*frisch geriebener Parmesan*

Salz, frisch gemahlener schwarzer Pfeffer

Die Fischfilets würfeln und in Espresso und Weißwein marinieren, kühl stellen. Zwiebel schälen, Zucchini waschen und beides würfeln. Die Paprikaschoten waschen, von Kernen und Scheidewänden befreien und in Würfel schneiden.

Die Tomaten mit heißem Wasser überbrühen und die Haut abziehen. Butter in einem großen Topf schmelzen und das Gemüse darin anbraten. Die enthäuteten Tomaten in Stücke schneiden und zusammen mit dem Fond dazugeben. Den Knoblauch schälen, fein schneiden und unterrühren. Mit Salz und Pfeffer abschmecken, 20 Minuten köcheln lassen.

Die Fischstücke mit der Weißweinmarinade unterrühren und weitere 5 Minuten köcheln lassen. Nochmals mit Salz und Pfeffer abschmecken, mit Madeira würzen. Den Fischtopf mit frischem Basilikum und Parmesan bestreut servieren.

Dazu passt Weißbrot.

Lammkarree
mit Kaffee-Haselnuss-Kruste

Für 4 Personen

Für das Lammkarree:

800 g	Lammkarree
15 g	frisch geröstete Kaffeebohnen
100 g	Butter
2	Schalotten
2	Knoblauchzehen
100 g	gemahlene Haselnüsse
50 g	geriebenes Weißbrot
50 g	frisch geriebener Parmesan
2	Eiweiß
2	EL neutrales Öl

Für die Sauce:

50 g	gewürfelte Möhren
50 g	gewürfelten Knollensellerie
1 TL	schwarze Pfefferkörner
1 TL	Tomatenmark
4	Thymianzweige
1	fein geschnittene Knoblauchzehe
50 ml	Balsamico
400 ml	Lammfond
1 Tasse	Espresso
100 ml	Madeira

Salz, frisch gemahlener Pfeffer

Das Lammkarree parieren und die Lammabschnitte für die Sauce zur Seite stellen. Das Fleisch mit Salz und Pfeffer würzen. Kaffeebohnen mit dem Mörser grob zerstoßen und in geschmolzener Butter schwenken. Vom Herd nehmen, 20 Minuten ziehen lassen und durch ein Sieb passieren. Schalotten und Knoblauch schälen und fein schneiden. Mit der Kaffeebutter, den Haselnüssen, Weißbrot, Parmesan und Eiweiß zu einer Paste verrühren und die Lammkarrees damit bestreichen. Backofen auf 160 °C vorheizen. Eine ofenfeste Form mit Öl ausstreichen und die Lammkarrees 20 bis 25 Minuten garen.

Für die dunkle Sauce die Lammabschnitte in einem Topf anbraten. Möhren, Sellerie und Pfefferkörner dazugeben. Tomatenmark, Thymian und Knoblauch kurz mitrösten. Mit Balsamico ablöschen, mit Fond und Espresso aufgießen. Die Sauce kochen lassen, bis sie um zwei Drittel reduziert ist. Mit Madeira würzen. Durch ein Sieb passieren und eventuell nochmals köcheln lassen, bis sie die gewünschte Konsistenz hat. Mit Salz und Pfeffer abschmecken. Dazu passen Kartoffelplätzchen und gegrillte Tomaten.

Crème caramel
mit Kaffeezauber

Für 6 Personen

Für das Mandelgebäck

- 100 g   Zucker
- 30 g   Mehl
- 60 g   geriebene Mandeln, ohne Schale
- 60 g   Butter
- 5 EL   Orangensaft
- 1 EL   Orangenlikör

Für die Creme

- 2 EL   neutrales Öl
- 200 g   Zucker
- 30   frisch geröstete Kaffeebohnen
- 5   grüne Kardamomkapseln
- 1   Vanilleschote
- 500 ml   Milch
- 3   Eier
- 2   Eigelb

Für das Mandelgebäck die Teigzutaten miteinander verrühren und kreisförmig auf einem Stück Backpapier ausstreichen. Bei 190 °C etwa 4 Minuten backen.

Sechs Förmchen oder Tassen dünn mit dem Öl ausstreichen. Für die Karamellsauce 100 g Zucker bei mittlerer Hitze in einer Kasserolle schmelzen, bis er sich vollständig aufgelöst hat.

2 Esslöffel Wasser dazugießen, dabei ständig weiter rühren. Die Hälfte des Karamells in die vorbereiteten Förmchen gießen.

Für die Creme die Kaffeebohnen, Kardamomkapseln und ⅛ Liter Wasser zu dem restlichen Karamell geben und kurz aufkochen. Vanilleschote längs halbieren und mit der Milch dazugeben. Nochmals aufkochen und 2 Minuten köcheln lassen. Den Topf von der Flamme nehmen, Vanilleschote herausnehmen und auskratzen. Das Vanillemark in den Topf zurückgeben, etwas abkühlen lassen.

Eier und Eigelb mit dem restlichen Zucker verrühren, aber nicht schaumig schlagen. Mit einem Schneebesen nach und nach die warme Vanillemilch unter die Eimasse rühren. Durch ein feines Sieb gießen und in die vorbereiteten Förmchen füllen.

Den Backofen auf 180 °C vorheizen. Die Förmchen in ein warmes Wasserbad setzen, sodass sie bis kurz unter dem Rand im Wasser stehen. Die Creme 20 bis 25 Minuten stocken lassen.

Die Crème caramel aus dem Wasserbad heben und mehrere Stunden in den Förmchen abkühlen lassen. Zum Servieren auf Teller stürzen – dazu zuerst die Creme mit einem spitzen Messer vom Rand lösen.

Das Mandelgebäck mit einem Messer vom Backpapier lösen und die Crème caramel damit dekorieren.

Orangen-Mokka-Torte

Für die Kaffeecreme:

250 g	Crème double
60 g	frisch geröstete Kaffeebohnen
1	Vanilleschote
150 g	weiße Kuvertüre
200 g	Sahne
1	Packung Sahnesteif

Für den Mürbeteig:

100 g	Mehl
30 g	Zucker
1	Eiweiß
50 g	Butter

Für den Biskuitboden:

2	Eier
1	Prise Salz
50 g	Zucker
40 g	Mehl
20 g	Speisestärke
1 TL	Backpulver

Außerdem:

3 EL	Orangenmarmelade
7 EL	Kaffeelikör
50 g	Mandelblättchen
12	schokolierte Kaffeebohnen

Für die Kaffeecreme die Crème double mit den Kaffeebohnen vermengen und über Nacht kalt stellen. Die Vanilleschote längs halbieren, das Mark auskratzen. Kuvertüre mit der Sahne im Wasserbad schmelzen, Vanillemark unterrühren, vom Herd nehmen und ebenfalls über Nacht kalt stellen.

Die Zutaten für den Mürbeteig zu einem glatten Teig verkneten und 30 Minuten kalt stellen. Eine eingefettete Springform mit dem Mürbeteig auslegen und im vorgeheizten Backofen bei 175 °C etwa 15 Minuten backen, abkühlen lassen.

Für den Biskuitboden die Eier trennen. Eiweiß mit 1 Prise Salz steif schlagen. Das Eigelb mit Zucker und 2 Esslöffel warmem Wasser verquirlen. Mehl, Stärke und Backpulver vermischen. Erst den Eischnee und dann die Mehlmischung unter das Eigelb ziehen. Eine Springform mit Backpapier auslegen. Den Teig bei 175 °C etwa 30 Minuten backen, abkühlen lassen. An einer Seite vorsichtig einschneiden und waagerecht halbieren, z. B. mit Hilfe eines Bindfadens.

Für die Kaffeecreme die Crème double durch ein Sieb passieren. Die Kuvertüre-Sahne-Mischung mit Sahnesteif schlagen und mit Crème double vermischen.

Orangenmarmelade in einem kleinen Topf erwärmen, auf den Mürbeteig streichen. Einen Biskuitboden darauf legen, mit 4 Esslöffeln Likör beträufeln. Einen Tortenring um den Boden legen. Die Hälfte der Kaffeecreme darauf streichen, den zweiten Biskuitboden darauf legen, mit dem restlichen Likör beträufeln und der restlichen Creme bestreichen. Mindestens zwei Stunden kalt stellen, dann den Tortenring entfernen.

Mandelblättchen in einer Pfanne ohne Fett leicht anrösten und gut abkühlen lassen. Die Torte damit bestreuen und mit schokolierten Kaffeebohnen verzieren.

KAFFEE-
LEXIKON

Kaffee, m. franz. »café«, engl. »coffee«, nl. »koffij«, »koffi«, eins der letzten Culturgeschenke des Orients an den Occident; aus Arabien stammend, wo »qahuah« eig. Wein, dann ein aus Beeren gekochter Trank ist. (Diez 80)

Gerade in Deutschland ist er besonders heimisch geworden, eine Unzahl Composita im häuslichen und kaufmännischen Leben geben davon Zeugnis; das niedere Volk hat sogar für seinen lieben Kaffee eine Anzahl Spottnamen geschaffen, mit denen sie mehr sich selbst und ihr Bedürfnis verspotten (vgl. unter »kaffeepansch«). Da uns der Kaffee zuerst von Holländern und Engländern zugeführt ward, herrscht anfangs die Form »coffee«, »koffee« (die noch bei alten Leuten (…) gilt, auch botanisch lat. noch »coffea‹); im 18. Jh. drängte sich das frz. »café« vor, wohl unter dem Einflusz der sich ausbreitenden Kaffeehäuser nach franz. Muster, ward aber dann deutscher gemacht als »káffê« (Adelung wollte »kaffeh«). landschaftlich selbst »káffě«. Schweiz. (…) in gekochter Gestalt »e guets kaffee«; man hat da auch »käffela«, nach kaffee riechen, schmecken (…)

DEUTSCHES WÖRTERBUCH VON JACOB GRIMM UND WILHELM GRIMM

A

ABGANG • Die Zeit, die der Geschmack im hinteren Bereich der Zunge erhalten bleibt.

ALKALOIDE • Organische, stickstoffhaltige Verbindungen, zu denen auch das Koffein zählt. Alkaloide kommen hauptsächlich in Pflanzen, aber auch in Pilzen und tierischen Produkten vor.

ARABICA • Bekannte Bohnensorte, »coffea arabica«.

AROMATISIERTER KAFFEE • Nach dem Rösten oder Mahlen, werden Aromen hinzugefügt, z. B. Haselnuss, Vanille. Der eigentliche Kaffeegeschmack wird damit überdeckt.

ÄTHERISCHE ÖLE • Ölige Pflanzenextrakte, die den charakteristischen Duft der Pflanze abgeben und oft ein wichtiger Geschmacksträger sind – so auch beim Kaffee.

B

BLEND • Mischung unterschiedlicher Kaffeesorten – verschiedene Bohnensorten oder Anbaugebiete.

BLÜMCHENKAFFEE • Wenn der teuere Bohnenkaffee sparsam eingesetzt wurde, war er so dünn, dass man durch ihn hindurch das Blumenmuster auf dem Tassenboden sah.

BOL • Französische Milchkaffee-Schale.

BOURBON • Variante der Bohnensorte Arabica, ursprünglich von der Insel Réunion, ehemals Bourbon.

BRIKI • Siehe Ibrik.

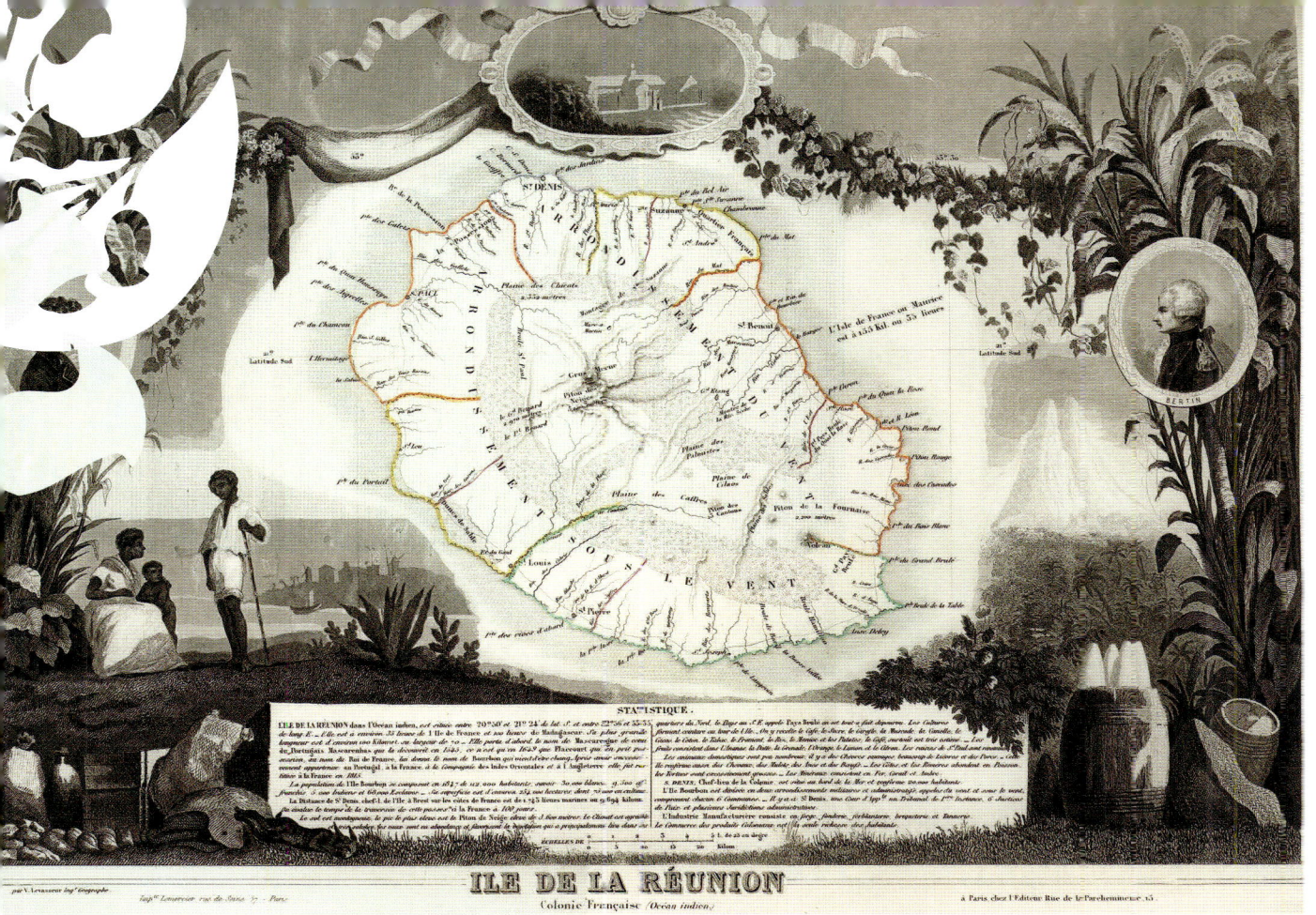

ILE DE LA RÉUNION

Colonie Française (Océan indien)

C - F

CEZVE • Türkisches Metallgefäß zur Zubereitung eines Mokkas.

CRACKEN • Nach zwei Drittel der Röstzeit blähen sich die Kaffeebohnen auf und sprengen das Silberhäutchen ab – sie knacken bzw. »cracken«.

CREMA • Schaumschicht auf dem Espresso, die durch den Druck der Maschine entsteht.

CUPPING • Professionelle Kaffeeverkostung.

ENTKOFFEINIERTER KAFFEE • Das Koffein wird dem Rohkaffee entzogen. Dazu wird er mit Wasser bedampft, mit organischen Extraktionsmitteln behandelt und getrocknet. Entkoffeinierter Kaffee darf nicht mehr als 1 g Koffein auf 1 kg Trockenmasse enthalten.

ENTPULPEN • Von Fruchtfleisch (der »Pulpe«) befreien.

EXTRAKTIONSZEIT • Die Zeit in der der Kaffee seine Aromen an das Wasser abgibt.

FAZENDA • Auf brasilianischen Kaffees Angabe dafür, dass der Kaffee von einer Farm kommt.

FERMENTATION • Umwandlung biologischer Materialien mit Hilfe von Bakterien, Pilz- oder Zellkulturen, bzw. durch Zusatz von Enzymen. Beim Kaffee wird die Fermentation zum Abbau von Gerbstoffen genutzt.

FLORIAN • Bekanntes Café in Venedig, seit 1720 am Markusplatz.

FOREST COFFEE • Siehe Wildkaffee.

»Ein guter Kaffee muss schwarz wie die Nacht, heiß wie die Liebe und so süß oder bitter wie das Leben sein.«

ARABISCHES SPRICHTWORT

G-J

GARTENKAFFEE • Wächst auf kleinen Plantagen, die äthiopische Bauern direkt um ihre Häuser herum anlegen.

GERBSTOFFE • Kommen häufig in Pflanzen vor; neben Kaffee z. B. auch in den Stielen und Häuten von Weintrauben (Tannine). Sie beeinflussen die Ausgewogenheit des Geschmacksbildes und haben auch therapeutische Wirkung.

GUATEMALA ANTIGUA • Hochwertiger Kaffee aus Guatemala.

HAKAWATI • Arabischer Geschichtenerzähler.

HAWAII KONA • Raritätenkaffee aus Hawaii.

HOCHLANDKAFFEE • Kaffee, der in über 1.600 Meter Höhe angebaut wurde.

IBRIK • Griechisches Metallgefäß zur Zubereitung eines Mokkas. Auch Briki genannt.

JAMAICA BLUE MOUNTAIN • Raritätenkaffee aus Jamaika.

K

M N

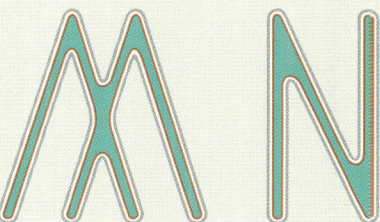

KAFFEEKANTATE • 1734 von Johann Sebastian Bach verfasstes Werk, in dem es um die Wirkung des Kaffees auf eine junge Frau geht.

KAFFEEKIRSCHEN • Früchte des Kaffeebaums, die Kirschen ähneln.

KAFFEEKRÄNZCHEN • Seit dem 18. Jahrhundert empfing man Besucher zum Morgen- oder Nachmittagskaffee und gab dabei die Gastgeberschaft in Form eines Kränzchen weiter, dass der jeweilige Gastgeber auf dem Kopf trug.

KAFFEESCHNÜFFLER • Soldaten Friedrich I. des Großen, die das Verbot des unerlaubten Röstens überwachten

KÖRPER • Eindruck von Fülle im Mund.

KOFFEIN • 1819 von Friedlieb Ferdinand Runge entdeckt. Der Wirkstoff gehört zur Gruppe der Alkaloide.

MARAGOGYPE • Variante der Bohnensorte Arabica. Besonders große Bohnen von ausgezeichnetem Geschmack, die auch »Riesenbohnen« genannt werden.

MEDDAH • Türkischer Geschichtenerzähler.

MOKKA • 1.) Hafenstadt im Jemen, 2.) Rohkaffee aus Äthiopien und Jemen, der von Mokka aus verschifft wird, wird oft als »Mokka« bezeichnet, 3.) Variante der Bohnensorte Arabica, 4.) arabische Kaffeezubereitung, 5.) feinste Mahlstufe für arabische Zubereitung.

MONSOONING • Aufbereitungsverfahren aus Indien: Kaffee, der bewusst Monsoonwinden und Regen ausgesetzt wird.

MUCKEFUCK • Spitzname für »Mocca faux«, falschen Kaffee, Kaffeeersatz. Den Getreidekaffee lernten preußische Soldaten während der deutsch-französischen Kriege von französischen Soldaten kennen.

NATURAL • Kaffee aus trockener Aufbereitung.

P R

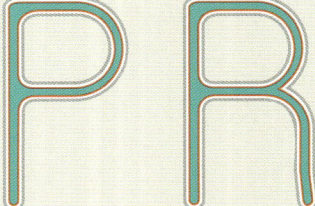

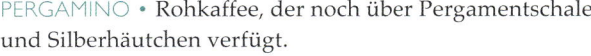

PERGAMINO • Rohkaffee, der noch über Pergamentschale und Silberhäutchen verfügt.

PERLBOHNE • Eine runde einzelne Kaffeebohne.

PH-WERT • Maß dafür, wie sauer oder basisch eine wässrige Lösung ist.

PICKING • Die einzelnen Kaffeekirschen werden bei diesem Ernteverfahren von Hand gepflückt.

PLANTAGENKAFFEE • Kaffee von privaten oder staatlichen Plantagen.

PROCOPE • Bekanntes Café in Paris, seit 1686 in der Rue des Fossés-Saint-Germain.

ROBUSTA • Bekannte Variante der Sorte »Coffea canephora«.

ROHKAFFEE • Aufbereitete Kaffeebohnen vor der Röstung.

ROLLINGPHASE • Zweite Phase bei der Zubereitung von Milchschaum. Der Barista bringt die Milch im Ganzen zum Rollen und erzeugt damit feine Bläschen; die richtige Konsistenz für den Schaum.

S

T-Z

SCHATTENBÄUME • Meist Bananenbäume, die auf Kaffee-
plantagen gepflanzt werden, um die empfindlichen Kaffeepflanzen vor zu direkter Sonneneinstrahlung zu schützen.

SCHONKAFFEE • Auf eine bessere Bekömmlichkeit behan-
delter Kaffee. Entweder koffeinhaltiger, der für magen- und
leberempfindliche Kaffeetrinker schonender sein kann, oder
entkoffeinierter Kaffee.

SEMI-FOREST-COFFEE • Wächst in Naturwäldern Äthiopiens,
die gelichtet werden. Er wird von Hand geerntet.

SEMI DRY • Kaffee aus halbgewaschener Aufbereitung.

SILBERHÄUTCHEN • Dünne Haut, die die Kaffeebohnen
direkt umschließt.

STINKER-BOHNEN • Rohkaffeebohnen, die bei der Aufbereitung überfermentiert sind.

STRIPPING • Ernteverfahren, bei dem die Kaffeebohnen mit
einem Kamm von den Ästen abgestreift werden.

TIPICA • Variante der Bohnensorte Arabica.

TRANS FAIR • Vertreter des Fair Trade.

UNWASHED • Kaffee aus trockener Aufbereitung.

WILDKAFFEE • Wächst in natürlichen Bergwäldern
Äthiopiens und wird von Hand geerntet.

ZIEHPHASE • Erster Arbeitsschritt bei der Zubereitung von
Milchschaum. Die Dampfdüse wird wenige Millimeter unter
die Oberfläche gehalten. So erzeugt der Barista Volumen.

REGISTER

Wir danken

. InterAmerican Coffee, für die fachliche Beratung und den Einblick in die Welt des Kaffee-Imports

. den Probat-Werken, für das Öffnen ihres Archivs und die Hilfe bei der Recherche

. IMS International Machinery Service für ihren fachlichen Beistand

. Stefan Schumacher, für die tatkräftige Unterstützung beim Kochen der Kaffeerezepte

Bildnachweis

. Foodfotografie
Stefan Abtmeyer

. Probat
*Auf den Seiten 19, 22, 25, 26, 28, 29, 45 unten, 87, 92, 95, 96,
99 klein, 101, 103, 105, 107, 109, 111, 113, 115, 118, 120, 126
127, 135, 138, 143*
*Mit freundlicher Genehmigung von Münchhausen,
Kaffeerösterei 28, 99, 112 und 114*

. Deutscher Kaffeeverband
*Auf den Seiten 15, 32, 35, 37, 38, 41 unten, 42, 45 oben,
47 oben, 48, 49, 51, 53, 56, 60, 66, 67, 69, 71, 77, 86, 89 klein,
94, 162*

. die Basis
*Auf den Seiten 8, 9, 30, 31, 40, 47, 54, 55, 59, 84, 85, 100, 101,
117, 136, 137, 144, 145, 167, 176, 177*

. Dr. Hans-Juergen Langenbahn
Auf den Seiten 36, 37, 40 oben, 73, 74

. Rolf Bernhardt
Auf der Seite 94 rechts

. fotolia
*Auf den Seiten 99 (Thomas Weitzel), 110 (Albar),
121 (Maren Baßler), 161 (Elena Elisseeva)*

. Peter Schmidt
Hintere Klappe, auf den Seiten 89, 93, 94 links, 108, 131

. Andrea Blaschke
Auf der Seite 124

. Melitta
Auf der Seite 122

. TransFair Verein zur Förderung des Fairen Handels
mit der »Dritten Welt« e.V.
Auf der Seite 82

. Leopold
Auf der Seite 135

. 5555 Meisterwerke Antonio Canaletto
Auf der Seite 16